创业思维

【日】马田隆明 著　　李雨萍 译

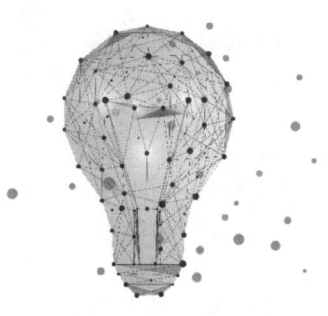

图书在版编目（CIP）数据

创业思维 /（日）马田隆明著；李雨萍译. -- 北京：北京联合出版公司, 2019.8
 ISBN 978-7-5596-3334-7

Ⅰ.①创… Ⅱ.①马… ②李… Ⅲ.①企业管理 Ⅳ.① F272

中国版本图书馆 CIP 数据核字 (2019) 第 121276 号

北京市版权局著作权合同登记　图字：01-2019-3138

GYAKUSETSU NO START-UP SHIKO
BY Takaaki UMADA
Copyright © 2017 Takaaki UMADA
Original Japanese edition published by CHUOKORON-SHINSHA, INC.
All rights reserved.
Chinese (in Simplified character only) translation copyright © 2019 by Beijing Standway Books Co., Ltd.
Chinese (in Simplified character only) translation rights arranged with CHUOKORON-SHINSHA, INC. through Bardon-Chinese Media Agency, Taipei.

创业思维

项目策划　斯坦威图书
作　　者　（日）马田隆明
译　　者　李雨萍
责任编辑　李　伟
策划编辑　李佳铌　潘明月
封面设计　阿鬼设计

北京联合出版公司出版
（北京市西城区德外大街 83 号楼 9 层　100088）
天津中印联印务有限公司印刷　新华书店经销
122 千字　880 毫米 ×1230 毫米　1/32　7 印张
2019 年 8 月第 1 版　2019 年 8 月第 1 次印刷
ISBN 978-7-5596-3334-7
定价：49.00 元

未经许可，不得以任何方式复制或抄袭本书部分或全部内容
版权所有，侵权必究
本书若有质量问题，请与本公司图书销售中心联系调换
纠错热线：010-82561793

前　言

假如现在是节假日，你穿着睡衣慵懒地躺在床上，用安卓（Android）智能手机漫不经心地刷着脸书（Facebook）。突然，你看到你的朋友用照片墙（Instagram）美化并上传了旅游地的风景照。浏览着这些照片，你也突然萌发了去旅行的念头。

于是，你通过连我（Line）邀请你高中时代的朋友，一边与他聊着目的地，一边通过谷歌（Google）搜索候选的目的地。在确定了旅行的目的地之后，你立刻打开天巡网（Skyscanner）的APP，确认可以订到廉价机票。接下来，你在爱彼迎（Airbnb）上查找并预订了既便宜又交通便利的民宿。民宿主人的评价也很好，待人友善，你对旅行的期待更高了。为了制订更加详细的计划，你在亚马逊（Amazon）上购买了旅游攻略，并把它下载到电子书阅读器（Kindle）中，直接在床上阅读起了电子书……

这种过去难以想象的光景，如今已经成为日常的一部分。

放在10年前，如果你想要去旅行，首先要做的应该就是换好衣服，去书店购买用来挑选旅行地的旅行指南手册。

在阅读完旅行指南手册之后，你还要打电话给朋友，与对方商量决定旅行的候选地，这个步骤恐怕要花上好几天时间。过几天你还要再去旅行社一次，排几十分钟的队，才轮到你与窗口的人对话，经过与对方各种商讨，你终于报好旅游团。去银行转完账以后，你还要再回一次旅行社，取预约单和票据……整个过程需要往返多次。如今，只需要手边的一部智能手机，就能完成全部事宜，而且可以比过去更快捷、更便宜地获取你想要的产品和服务。

我列举的这些提供先进服务的公司，大多都是极为年轻的公司，它们创业的年限不超过20年。其中也有不足10年的公司。当我们恍然回神的时候，身边已经充斥着这一类的产品和服务，它们在极短的时间内完成了快速增长，渐渐渗透进全世界人们的生活中。

这些在短期内完成快速增长的临时组织团体，名为"创业公司"。

近年来，全球以加速成长为目标的创业不断增加。

在美国的顶尖大学，"创业"的选项已经成为一种现实的职业生涯规划。尤其是在其中的精英阶层中间，正在兴起一股"努力创业，以创建更好的社会为己任"的风潮。例如，在理科的顶级学府麻省理工学院（MIT），毕业5年以内的创业人数超过全体学生的12%。

而且，各国政府也将下一个阶段的经济发展寄希望于创业公司和其他类型的公司，并为它们提供各种各样的支持。公司之间的开放式创新合作也变得更为积极，与创业公司谈合作和收购的公司也越来越多。

如上所述，创业公司吸引了全球的关注。由此可以预见，今后创业公司的从业人员也会越来越多。

但是，在初次与创业公司接触的人看来，这一公司形态或许有些与众不同。普通商务的思维模式和创业方法论，其实大部分都不能完美套用在以快速增长为目标的创业公司身上。

最特殊的一点在于：**"创业公司是反直觉的。"** 创业公司具备这种反直觉性也是本书试图传达的一个事实。

这里所谓的反直觉指的是"瞬间的推论和直觉的判断实际上并不准确"；反论指的是"乍一看似乎有悖真理，实际上却阐明了真理的一个侧面的表述"。

在创业公司的优秀创意和优秀战略中，往往包含一些

"自己的直觉判断有误"以及"乍看有悖常理"的内容。如果无法准确理解创业公司的这种反直觉性和"反论",创业公司将无法取得成功。

因此,本书旨在介绍在创业公司的领域为什么会出现反直觉的事项和反论的言论,并在此基础上帮助更多人加深对创业公司的这种思维方式的理解。

不过,我在后面也会谈到,这种思维方式不能全盘照搬到"公司"中。请记住,这些归根到底只适用于创业公司这种以"快速增长"为目标的创业。

我曾经在外资IT企业"微软"担任Visual Studio软件开发工具的产品经理,后来又做了几年的"技术传播者(传道者)",为软件工程师提供最新的技术信息。

后来,微软创投(Microsoft Ventures)[1]在全球兴起,我也作为日本的创业公司支援团队的一员,为创业公司提供技术支持。与此同时,我还从全球的微软创投的同伴那里,学习到了世界级的创业支援的体系和经验,不断为日本创业公司的国际发展提供支持。

---

[1] 现为微软加速器(Microsoft Accelerator)。

在进行这些交流的过程中,我深刻地认识到,日本的创业公司想要在全世界获得竞争力,技术和人才至关重要,于是我选择调到东京大学,目前在东京大学产学协创推进本部,从事大学创业公司和学生技术项目的支援工作。

本书想要集中介绍三点:"创意""战略"和"产品"。这是目前为止我所提到的涉及创业公司的知识之中最为重要的三点——尤其是对于创业前期和创业初期的创业公司而言。

创业公司想要成功,还有很多其他必不可少的因素,比如团队、执行力和资金等。**但是,为了让读者理解创业公司所特有的、具有反直觉性和反论性的原则,我想把目光聚焦于"创意""战略"和"产品"这三个因素上。**

此外,无论能力多强、多么出类拔萃,如果没有运气,创业公司也无法成功,因此,本书也想要探讨一下"运气"。

最后,为了确认这些创业公司的思维方法的效果,我还想要尝试把它们应用在职业生涯规划和投资等其他领域。

已经在创业公司中工作的读者需要比本书更加详细的知识,我在网上上传了各种幻灯片,以供这一类的读者参考。

另外,为了让读者理解创业公司的思维方法,本书不仅仅面向创业者,还面向创业公司的所有相关人员。因此,本书的目标读者有以下几类人：

- 打算做创业公司的人
- 已经开始做创业公司，想要了解创业公司的原则的人
- 对进入创业公司中工作，这一职业规划有兴趣的大学生和刚踏入职场的人

另外，对于目前与创业公司没有直接关系的职场人士，尤其是以下这类读者，本书或许有很多部分值得参考：

- 新兴业务的负责人
- 负责批准新业务的管理人员
- 与创业公司接触的公司负责人

我制作的面向创业公司的幻灯片，经常会收到这种反馈："幻灯片的内容非常轻松，可以随手分享给别人阅读。"本书也想以此为基准，希望可以把这本书传递给那些对创业公司有兴趣以及我希望能够对创业公司做些了解的人，并对他说："请阅读一下这本书。"如果你遇到对创业公司有兴趣的上司或朋友，可以把这本书介绍给他们。

回顾历史，很多改变世界的创新其实都是从小规模的新兴公司诞生的。如今正在成长壮大的公司最初也是从小公司起步的，后来它们通过创新实现了急速增长，一跃成为大公司。

可以预见，从需要有更多创新的现代社会到不久的将来，创业公司这种急速增长的公司形态将会变得更加重要。

因此，我希望自己可以略尽绵力，帮助更多的人了解在硅谷率先孕育出的创业公司的方法论，并且创造能够让更多人挑战创业的环境。

我就是在这种念头的驱使下，开始写这本入门书，希望能够将创业公司的独特的思维方法介绍给更多人。我所介绍的思维方法和观念大多都是前人的经验，或许没有那么新颖，但我会尽量简明易懂地介绍，希望能够帮助到更多人。

我相信创业公司的思维方法不仅对创业公司这种公司形态有帮助，在学术研究和新兴业务等领域中也能够派上用场。本书所要介绍的创业公司的思维方法，即创业思维，如果也能够在创业公司以外的领域，帮助到那些想要开始一些新的尝试的读者，我将感到无比荣幸。

序章是写给那些还不怎么熟悉创业公司这个词的读者的。如果是对创业公司已经有相应的理解的读者，可以跳过此章，从第一章"创意"开始阅读。

目录 CONTENTS

序章　剧增：创业公司真正追求的目标 / 001

　　为什么如今创业公司会如此受人瞩目？其中一个原因在于，全世界都在追求创新，而创业公司作为经济发展的重要举措之一，被各国政府寄予厚望。

　　在各方因素的大力扶持下，创业思维也逐渐形成体系。而创业公司的目标是，积极利用世界的不确定性，在短期内实现快速增长。

第一章　创意：颠覆思维模式，变"不合理"为"合理" /013

　　创业公司都是从"创意"开始的。如果创意不好，无论拥有多么优秀的团队、产品和执行力，都无法实现快速增长。

　　在创业思维体系中，优秀的创意都是不合理的，越是困难的创意就越容易得到后方的支持，吸引到优秀的人才，打入没有竞争的市场。而现在无人相信的创意，往往就是创业公司成功的关键。

第二章 垄断：瞄准小市场，缓慢扩张 / 065

在思考创业公司的战略时，"垄断"是一个重要的关键词。这也是一个反常规的事实，创业公司应该追求的不是胜利，而是避免"竞争"，实现"垄断"。

创业公司实现"垄断"战略，最需要的就是加快"速度"，从选择小型市场开始，集中顾客源，构建持续打动顾客的机制，在几乎没有竞争对手的情况下，降低成本，完成"垄断"之路。

第三章 产品：比起多数人的"喜欢"，更要追求少数人的"爱" / 101

很多创业公司的失败原因都是资金困难，但资金困难归根结底只是症状而不是原因。创业之所以会失败，是因为在资金困难之前没能制造出顾客想要的产品。

对于创业公司而言，想要迅速发展，需要满足的条件是"制造人们想要的产品"以及"该产品可以推广给所有人"。只要是受人喜爱的产品，自然会形成口碑，总有一天会迎来爆点。

第四章 风险：大获成功的创业公司不会随意冒险 / 153

即使创意、战略、产品、执行力、团队都很完美，可如果缺乏运气，创业公司也无法成功。如果不顺利的话，就把这种失败视为结果上的失败，但能比别人学习到更多，在经验方面领先一步。

"将极端保守的投资与极端具有投机性的投资组合在一起，抛弃一切中等风险"，有望获得超出预期的巨大回报。

终章　思维：将创业思维融入你的职业生涯 / 179

预计到 2027 年会有 75% 的企业被替换。也就是说从如今的形势来看，即使运气极佳，能够进入优秀的企业工作，也并不意味着这家企业可以一直高枕无忧。

你需要选择的不是只能赚取零用钱的副业类型，而是可以为你带来更大利益的副业。可以把杠铃策略用在自己本身的时间投资里，将九成的时间投资在安全可靠的事业上，剩下的一成积极地投资在冒险上。这在创业思维中会派上极大用场。

结　语 / 197
参考资料 / 203

序章

——

剧增
创业公司真正追求的目标

最近几年，世界的不确定性越来越大，未来将变得更加难以预测。

世界各国的联系超越了国境，变得更加紧密，一个国家的危机，很快就会蔓延到其他国家。由于世界一体化的发展和渗透，就连近在眼前的未来都难以预测，世界的复杂性和不确定性日益加剧。

另一方面，科技的发展和多样化的速度加快，导致现存的技术更加容易过时，找到能够支撑公司发展的下一项技术，变得越发重要。但是，值得投资的科技却越来越难以预测。

由于这种不确定性的加剧，公司想要长期维持竞争力，就变得越发困难。即使是表面稳定的大公司，在短短几年内就面临绝境的窘况我们也曾多次目睹。

在这种情况下，政府和大公司开始关注某一类公司，也就是被称为"创业公司"的新兴公司。

创业公司的目标是,积极利用世界的不确定性,在短期内实现快速增长。本章所要介绍的就是创业公司的概况。

何谓创业公司

我要重申一遍,创业公司是以短期快速增长为目标的临时组织。

即使是新兴公司,只要不是以短期快速增长为目标,就不能称之为创业公司。以稳步成长为目标的公司则是小型公司。

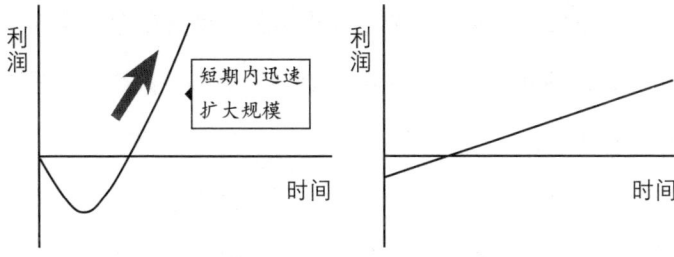

图1 创业公司和小型公司

与是否通过风险投资融资、是否与尖端科技紧密相连无关，归根结底，只要不是以快速增长为目标，就不能称为创业公司。反言之，即使不是新兴公司，只要目标是从现在开始短期内快速增长，就能称为创业公司。

通常的发展方向，比如餐饮店和理发店，很难符合创业公司的条件。因为，这一类工作的发展上限，大体取决于店铺规模、顾客的人均消费及回头率。

而那些使用IT或技术独立制造产品的公司，则因为具备让全世界众多人口使用自己产品的可能性，因此具有成为创业公司的可能。但是，使用IT和技术的，未必就一定是创业公司。因为，按照客户需求制作软件这一类的外包服务公司，其发展的上限，也基本取决于客户的平均消费。

是否属于创业公司的关键，在于是不是以快速增长为目标。本书主要探讨的是创业公司，特别是要**介绍创业公司实现快速增长所需的特殊思维方式。**

这里有一点希望大家不要误解，那就是创业公司与小型公司之间并没有优劣之分。二者的差别就只有"目标不同"而已。

不随意扩大公司规模，在一定的规模下，持续为客户提供新的价值，不断提升出色的盈利的小型公司，也是一种优秀的公司形态。但是，希望大家注意，本书所要提供的，是适用于创业公司这种以短期快速增长为目标的公司的思维方式，其中有很多都无法适用于小型公司。

而且，在日本国内，过去经常把创业公司与"风险公司"等同。但是，最近几年"创业公司"这个词渐渐普及开来。此外，由于日本国内倾向于把不以快速增长为目标的新兴公司也称为风险公司，所以，本书使用"创业公司"一词，以避免产生混淆。

为什么是创业公司

为什么如今创业公司会如此受人瞩目？

其中的一个原因在于，全世界都在追求创新，而创业公司作为一种行之有效的方法被寄予厚望。

实际上，作为经济发展的举措之一，各国政府也都在大力振兴创业公司，加以扶持。大公司或许也逐渐体会到仅仅依赖自身进行研究开发的局限，因此，为了寻找新的创新的种子，他们开始以"开放式创新"为名与创业公司合作。

在这种动向的背后，是技术的多样化和飞速发展，以及如我在"前言"中提到的案例那般，在短期内获得成功的新兴公司纷纷出现。与此同时，或许还有一个原因，那就是如今业已形成有利于创业公司发展的大环境。

例如，创业必不可少的所谓的原始成本，在最近几年急速下降。如果是软件相关公司，那么只要有一台电脑，就可以使用云平台服务器，立刻开始提供服务。此外，随着软件的进步，各种各样的科技也变得更加廉价，更容易获得。

而且，由于世界一体化的发展，产品可以进入全世界的市场。例如，在如今的环境下，智能手机的应用软件发布时，可以供全球的智能手机用户购买。同样，物流也在进步，全世界的客户都能方便地购买商品，于是，公司就可以迅速发展壮大。

如上所述，即使起点低，公司也能简单地在短期内（扩大生产规模）扩大业务，不断地完善环境，使得创业公司这种公司形式更具可行性。

除此以外，如今国家也开始扶持创业公司。

只放眼于日本国内，我们也能看到，直接由国家或大公司提供支持的制度在不断完善。此外，随着金融环境的变化，资金开始流向为创业公司提供资金的风险投资公司。在这种情况下，创办创业公司所必不可少的"风险资本"更容易到达创业者的手中，于是就形成了完善的环境。

在美国和日本等发达国家，包括小型公司在内的公司数量似乎在减少。但是，拥有来自各方面的后援，以快速增长为目标的创业公司，却以强劲的势头在不断增多。

"创业思维"开始体系化

以快速增长为目标的企业增加了，对它的扶持也增加了，伴随着这种情况，孵化成功的创业公司所必不可少的制度和思维方式也逐渐形成体系。

其中的一个契机在于，在21世纪初期，以美国的硅谷为中心出现了扶持创业公司的名为"加速器"的组织。

创业公司从加速器获得小额投资，在3~6个月的短期内参与提供加速器的项目。在此期间内，创业公司可以从加速器获得加快本公司发展速度的教育、支持和建议等。

受到加速器的成功的鼓励，大公司也纷纷设立具有"创业加速器"功能的部门。通过创业加速器，大公司将本公司的资源提供给创业公司，为其发展提供援助，同时率先与其建立密切的联系。我提到过的微软也设有名为微软创投和微软加速器的部门，为创业公司提供支援。

在众多加速器之中最受好评且实际成果最优秀的，

是2005年成立的创业孵化器（Y Combinator）。自成立以来，它已经支援过1000家以上的创业公司，孵化了很多有名的创业公司。例如著名的爱彼迎（Airbnb）以及多宝箱（Dropbox）等都是由创业孵化器孵化的创业公司。

应征创业孵化器的创业公司高达数万家，得到其支援的创业公司也高达数千家，创业孵化器一路目睹了这些创业公司的生死存亡。可以说，全世界最清楚创业公司的成功方法和失败原因的组织就是它。

与风险投资创业相比，它经常为最初期的创业公司提供支持，因此对于创业公司的发展趋势，以及这一创业初期最重要的"反直觉"的事实，它有着最为深刻的了解。

创业孵化器将支持创业公司的知识，通过大学讲座、研讨会以及博客的投稿毫不吝啬地公开。本书的内容基础，就来自于这些加速器和众多创业公司积累的理论和知识。所以我要事先声明，本书会有很多国外的案例，日本的案例则相对较少。

生存所需要的创业思维

创业孵化器一年启动两次项目，对创业公司开放招募。

最近几年，一次招募会接收到全世界将近1万家公司的应征，据说合格率比全世界排名最高的商学院哈佛商学院还要低。

为什么加速器会这么有人气？有人认为其中的一个原因或许在于，加速器如今正在发挥一种商学院的功能。也就是说有越来越多的人认为，比起花钱获得MBA学位，成为一名"专业管理人员"，还是独立创业并"体验快速成长的事业"这样的职业履历更加有用。

其中的一个原因在于，开创快速成长的事业具有更高的市场价值。

2013年，以牛津大学的迈克尔·A.奥斯本副教授和卡尔·贝内迪克特·弗雷博士发表的论文《就业市场的未来：工作受计算机化的影响有多大？》（*The Future of Employment*）为契机，人们开始正视起"科技失业"的问题。

近年来，人们对人工智能和机器人的期待，或许是它们快速发展的原因之一。彭博（Bloomberg）的报告指出，仅仅是银行这一行业，由于科技带来的业务的高效化，与2008年相比，就有60万职位遭到裁减。

正如过去机械的进步减轻了人和动物的体力模式化劳动，如今人工智能和机器人的进步，毋庸置疑地减轻了脑力模式化劳动。所有论文都同时指出，这最终导致那些需要中等程度的技能的职业逐渐消失。

最早指出这种技术失业的是麻省理工学院的埃里克·布林约尔松教授，他在自己的著作《与机器赛跑》中建议通过"创业"来应对失业。这个建议的确有道理，因为挑战创业和创业公司这种需要创造力的领域，并不适合人工智能。

换言之，只要不是创造新价值的工作，或许今后都将无法幸存。这也意味着，对于那些不具备广义上的创造力以及创造新价值的能力的人而言，世界将会无比残酷。

只要能够考上好大学，进入大公司，一直在现有的社会机制下从事高效率的工作，就可以一生高枕无忧，这样的时代已经逐渐成为历史。今后需要的是建立新的制度和创造新的价值。由于人的寿命越来越长，今后人们面临的将是更为漫长的职业生涯，为了度过这漫长的时间，创业思维是必不可少的。

我如今还在大学任职，将创业公司的方法和思维传授给学生，这在仍旧遗留着"大公司信仰"的父辈看来，或许是在劝他们的孩子作出高风险的选择。但是，一旦看透我在前文所述的时代的变化，他们就会明白，无论孩子是否创业，了解有利于创造新价值的创业思维以及保留创业的选择，对于他们即将度过的漫长的职业生涯而言，是一项必不可少的教育。

对健全的社会有益的创业公司

为了维持健全的社会和民主主义,需要经济的发展。通过实现充分的经济发展,即使谈不上解决社会问题,也能在某种程度上缓和那些问题。被称为"问题发达国家"的日本,相比其他各国,需要更加健全的经济发展。

那么,具备创造新价值和财富、拉动经济发展以及扩大经济馅饼的功能的现象,到底是什么?

答案就是创新。

迄今为止的众多创新,都是由这种加速成长的小型公司实现的。**我认为,想要发起创新,创造新价值和财富,将财富进行适当的分配,构筑健全的社会和民主主义,当前最有效的方式就是"创业"。**

正因为如今世界的不确定性在加剧,才要反过来有效利用这种不确定性,甚至可以认为正是因为如此,优秀的创业公司才更有可能前赴后继地崛起。

想要提高这种创业公司的成功率,需要人们广泛地了解成立创业公司的优秀方法论。

如今,逻辑思考、设计思维等关键词充斥媒体,我并不打算极力宣传,接下来我要讲解的反论的创业思维是商业的新型特效药。而且,此次我要介绍的反论的思维方法所适用的领域也极为有限。

但是我却相信,只要有更多的人掌握创业公司的思维方法,去挑战"开创一项快速增长的事业",或许就能掀起比过去更多的革新,建立更为健全的社会。

第一章

创意

颠覆思维模式，变"不合理"为"合理"

创业公司都是从"创意"开始的。

如果创意不好,无论拥有多么优秀的团队、产品和执行力,都无法实现快速增长。一旦搞错创意这个根基,之后的一切事业便都会破产。

最重要的一点在于,创业公司的优秀创意乍看上去并不像优秀创意。在任何人都能想出来的创意下开始创业,大多数情况下都无法实现快速增长。

这就是所有人一开始都会搞错的创业公司的创意的反直觉性,是"反论"的重点所在。

在本章中,我想要聚焦创业公司的价值所在,即它的反直觉性,同时介绍何谓成功的创意,尤其是想要通过介绍以下四种论点及其背景,让各位读者充分理解我所说的"反论"的含义:

- 不合理才是合理的
- 越困难的问题越简单
- 真正优秀的创意难以说明
- 创业公司的成功是幂法则

闲话不叙，我们来了解一下创业公司的似非而是的思维方式吧。

创业公司是"反直觉"的

保罗·格雷厄姆（Paul Graham）是最受创业公司的从业者尊敬的人之一。他是一名擅长 Lisp 编程语言的程序员，同时也是一名曾经将自己创建的公司卖给雅虎的创业者。不光如此，他还发表过许多随笔，这些随笔的合集《黑客与画家：硅谷创业之父 Paul Graham 文集》（*Hackers and Painters : Big Ideas from the Computer Age*）在程序员之间尤其有人气。

保罗·格雷厄姆常年笔耕不辍，不断在互联网上分享创业公司的成功经验。

2005 年，他还在这些经验的基础上成立了我在序章中介绍过的名为创业孵化器的创业公司孵化机构,直到2014年,他都作为这个机构的最高层,为创业公司提供建议。

在创业公司业界还有一个重要人士,这个人就是彼得·蒂尔(Peter Thiel)。他是支付服务创业公司PayPal以及数据分析创业公司Palantir的共同创始人之一,就连美国政府都是Palantir的客户。他敏锐地洞察到脸书具有的可能性,并率先给它投资。

他将自己在斯坦福大学所做的讲义编写为《从0到1:开启商业与未来的秘密》(*Note On Startups Or How To Build the Future*)一书。作为一名创业者,他所创立的Paypal大获成功,作为一名投资者,他对脸书和制药创业公司Stemcentrix的投资,为他带来了数千倍的收益,而这些都源自他那非比寻常的思维方法。在这本书中,他分享了这些思维方法。最近几年,他也极具知名度,因为他是一名为特朗普总统提供高额捐款的逆向投资者,这在硅谷极为罕见。

保罗·格雷厄姆和彼得·蒂尔二人共同的见解是:"**创业公司的优秀创意是极为反直觉的。**"

"不合理"才是合理的

对于创业公司而言,优秀的创意是反直觉的,如果遵循直觉来判断就会难辨真伪。这里所谓的"反直觉"有时也可以换一种表达方式,即:**"创业公司的优秀创意都是不合理的创意。"**那么,为什么不合理的创意对于创业公司而言更合适?请你思考一下原因。

创业公司的根本含义是快速增长的组织。

只要市场合理运转,那么,快速增长的机会应该已经被头脑聪明的人一网打尽了。"只有如此才能快速增长"的机会既然已经不是秘密,那就意味着谷歌和脸书等动作尤其快的巨头们已经开始攻占它们。

但是,有一些创业公司却抢在这些巨头之前找到了优秀的创意,并且付诸行动,实现了快速增长。那么,为什么头脑聪明的人没有注意到如此大的机会?

这个问题的答案就是:创业公司的创意是乍看上去很糟糕、货真价实的"不合理的创意"。或者也可以表达为"**乍看上去很糟糕,实际上却很优秀的创意**"以及"**在别人看来很疯狂的创意**"。

例如,爱彼迎始于将自己的家借给他人留宿的服务。这是多数人看来会觉得"离谱"的乍看上去很糟糕的创意。

据说在它的创业初期,其实有很多知名投资人都拒绝为它投资。但是爱彼迎却在创业仅仅 8 年左右就成为估值 3 兆日元[1]的企业。

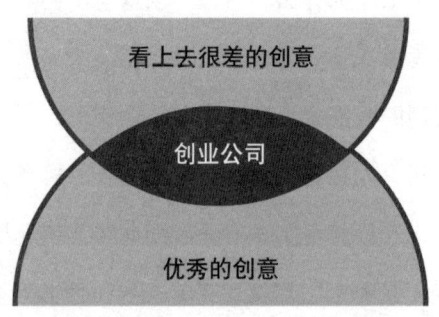

图 2　创业公司的创意在"哪里"

再来看一下谷歌的例子。20 世纪 90 年代的中后期是门户网站的全盛期,很多公司都在思考如何增加用户在本公司网站内的滞留时间。在这一时期,谷歌却反其道而行之,开发了精确度更高的搜索引擎,致力于降低用户在本公司网站

---

[1] 3 兆日元约等于 1700 亿人民币。——译者注

的滞留时间。当时已经有好几个搜索引擎存在，可是想要做到根据用户的期待检索散落在庞大的互联网上的信息，这项工作将会耗费巨额的成本，而当时的业内主流是以雅虎为代表的目录式检索型信息提供门户网站。更进一步而言，如何靠单独的搜索引擎提高收益，这在当时还是一个悬而未决的问题。所以，这在其他人看来必定也是一个非常不合理的创意。

爱彼迎最先注意到文化方面的变化，利用科技一举扩大了自己的服务规模，实现了快速增长。此外，谷歌最先把握住了频繁使用互联网的重度消费者对于"精准的检索引擎"的需求，并在技术上解决了这种需求，一跃完成飞速增长。

假如最先想到爱彼迎的创意的是酒店行业的大公司，只怕这一创意最终将无法执行，极有可能得不到上司的理解和许可，直接被束之高阁，就算运气好能说服上司，递交给高层研讨，但是，毕竟这项业务会打破酒店行业的商业模式，应该很难走到执行阶段。

以快速增长为目标的创业公司，将要在资金和人力资源极端短缺的情况下投入战斗。既然必须要在这样的条件下实现增长，那么一本正经的战斗方式就行不通了。

因此，创业公司才需要选择那些谁都不会碰的创意，即

"其他人看来不合理的创意""其他人不看好的创意"或者"尚未取得社会普遍认可的创意"。如果这种选择正确的话，事业就能实现快速增长。

也就是说，像创业公司一样以快速增长为目标的公司，选择那些在别人眼中不合理的创意，才是更加合理的选择。

这种乍看上去不合理的创意的选择，被彼得·蒂尔称为"几乎无人赞成的重要真相"。"疯狂就个人而言是少见的，但就集团、政党、国家和时代而言却屡见不鲜。"尼采的这句话，敏锐地洞察到当今这个时代的集团所"错误相信的幻想"并且与之唱反调，可谓是创业公司的创始人必备的素质。

选择"看上去不好的创意"，但是……

彼得·蒂尔所谓的"几乎无人赞成的重要真相"有一个关键条件：虽然几乎无人赞成，但那却是真相。

满足这一条件真的非常困难。这是因为看上去糟糕的创意大多都是纯粹的"糟糕"的创意，甚至大部分都是"看上去糟糕，实际上也糟糕的创意"，即"纯粹糟糕的创意"。

看上去糟糕实际上却很优秀的创意是非常罕见的。正因如此，大部分创业公司都失败了。就算自己的创意在别人看来糟糕，受到了别人的否定，也不意味着那就是优秀创意。

请允许我反复强调这个重点，大部分看上去糟糕的创意，都仅仅是糟糕的创意。

在这里还有一个事实会进一步加剧判断的难度，那就是过去失败过的糟糕的创意，未必现在也会失败。

例如，在2000年前后有很多人尝试做视频网站，后来由于互联网的发展、宽带的普及以及人们行为的变化，2005年创立的油管（YouTube）大获成功。尽管视频网站在过去曾是糟糕的创意，现在却未必仍然是糟糕的创意。

因此，有必要说明的并不是创意本身的好坏，而是"为什么现在"这个创意看起来糟糕，实际上却不然。"Why Now？"是硅谷口碑最好的风险投资创业公司红杉资本最经常提出的一个问题。

"困难的课题"更加简单

到目前为止，我介绍了创业公司的反直觉性以及选择不合理的创意更加合理。

对于创业公司而言还有一个反直觉且重要的事实："困难的课题对于创业公司而言反而更加简单。"

这是因为,那些解决社会课题的创业公司和需要高科技的硬技术型创业公司经常看起来很难,而人们倾向于避免选择这样的创意。但是实际上越是选择困难的课题,创业公司就越容易成功。这也是一个直观上难以理解的创业公司的事实。

为什么越困难的课题越简单?理由主要有如下三点:

- 容易得到周围的支持
- 容易聘用优秀人才
- 可以打入没有竞争的市场

首先,具有社会意义的事业和富有使命的事业更容易获得周围的帮助。因为,会有比想象中更多的人愿意为了重要的社会意义、有魅力的故事以及浪漫色彩而主动提供帮助。最近兴起了一股社会风潮,推崇所谓的公众利益,鼓励人们做副业,并且推崇具备专业技能的志愿者,所以,创业公司很容易找到这一类重视社会意义的协助者。

特别是那些曾经有过成功经验的人,他们更加容易对有社会意义的事业产生兴趣。可以先将那些成功人士拉为天使投资人和原始客户,以此来吸引更多人的帮助。

不光如此，怀着使命运作的创业公司，更容易吸引优秀的人才。这是很重要的一点，无论创业公司在发展的哪个阶段，人才招聘都是一个重要课题。优秀的人才决定创业的成败。

例如，在谷歌拿着高薪的人，为什么要加入你的创业公司？在说服他时，"比起编写一个可以将谷歌的广告点击率提升 0.001% 的程序，加入我的公司更容易参与社会课题"，将会是一个很强有力的理由。实际上，在日本国内也逐渐可以看到，一些资历很老的人从谷歌这种超大公司跳槽到创业公司，在比自己年轻的创业者手下工作。

尤其是成长于 20 世纪 80 年代中期到 2000 年前后的千禧年一代，解决社会课题比过去更容易成为他们的动力。在这个意义上，可以参与棘手的社会课题，在招聘他们这样的年轻一代时是一个非常有效的条件。进一步而言，原始客户和合作伙伴也都来自于那些对你的创业理念有共鸣的人。

参与在技术上很困难的课题，也是一个可以吸引优秀人才的理由。比如最近有无数优秀人才涌入那些挑战宇宙和生物工程等较新技术领域的创业公司。

有一个原因就在于优秀的技术人员大多对解决技术性难题怀有极大的热忱，在技术方面获得成功的困难会激发优秀技术人员的积极性。

而且，优秀的技术人员更倾向于聚集在优秀的技术人员周围。我们经常能够看到，在一名优秀的技术人员加入创业公司之后，崇拜他的技术人员立刻就蜂拥而至。

研发无人驾驶部件的 Cruise Automation 就是一个参与这种技术课题的创业公司的案例。这个创业公司在成立3年左右，就被美国通用汽车公司以超过1130亿日元的价格收购。

据说这个创业的 CEO 最初很犹豫，不知到底是应该开发视频流的 APP，还是应该将这种技术应用在自己有兴趣的无人驾驶中。视频流公司的可行性很高，但是竞争对手也很多。所以，他选择成立以具有社会意义的无人驾驶为课题的创业公司，最终挺进几乎没有竞争对手的领域。公司聚集了一帮对挑战高难度课题满怀热忱的技术人员，迅速在短期内实现了快速增长，最终以极高的估值被收购。

社会影响的重要性

有些课题在技术上具有较高难度，但是只要可以实现，就会带来巨大的社会影响，近年来对于参与这一类课题的人的支援也越来越多。背后的一个原因在于被称为"科技慈善家"(techno-philanthropist)的慈善家(philanthropist)越来越多,他们使用靠技术累积下来的私人财产,试图通过技术创造更加美好的世界。

例如,微软的比尔·盖茨、戴森的詹姆斯·戴森、谷歌的前 CEO 埃里克·施密特、特斯拉的埃隆·马斯克等人都拿出自己的私人财产,以研究补助、天使投资和比赛赞助等形式,为那些想要解决难题的人提供援助。

他们重视的是"社会影响",即能否解决社会问题以及能否影响世界。

随着对这种潮流的观察,一个事实逐渐清晰起来:平凡的创业,也就是那些只是复制既有创意、简单地加入一点创新的公司,无法吸引优秀的人才。没有使命感的公司无法激发他们的兴趣,同时也无法调动团队的积极性,促使他们为取得成功投入艰难的工作,因此最终难以成功。

对于所有公司而言,只有提供"许多人愿意付钱购买的"商品,才能够经营下去并具有一定的社会意义。松下的创始人松下幸之助曾经说过:"公司是社会之公器。"既然创业公司也是一种公司,那么它就应该从有社会意义的领域起步。

但是，做对社会有意义的事未必一定能获得支援。人们不会对那些虚无缥缈的创意产生兴趣。

想要让周围的人参与进来，需要有足够的胆量，同时需要可以通过努力实现的创意，你需要充分想好，为什么自己的创意现在可以尽可能实现？你具备哪些有助于这个创意实现的独特的洞察和技术，可以帮助你获取周围的认同，让他们参与进来？

只要能做到这些，就能够获得对自己的使命有共鸣的人的帮助，参加困难的课题对于创业公司而言便会更加简单。

"困难的课题对于创业公司而言反而更加简单"，这种与直觉恰恰相反的事实，起初很难得到理解。但是一旦得到理解，这种思维方式就会成为强大的武器。

选择"困难的工作"

与"从事困难的课题，创业公司会更加简单"属于同一类的反直觉的事实还有"从事麻烦的工作，创业公司会更加简单"。

因为虽然存在大型课题，可是很少会有人愿意加入明显困难重重的领域，于是可以在竞争对手较少的领域成立创业公司。

例如，Stripe这个对于软件开发者而言十分便利的支付服务公司，就是最近几年一举增长的创业公司。创始人们勇敢地选择了在支付这个明显棘手的行业进行创业。当时，技术员们仅仅是听到"支付"二字就会退缩，几乎没有人会去挑战这个领域。Stripe在竞争对手很少的领域奋战，最终在短期内实现了巨大的增长。

此外，还有提供货物运输可视化服务的创业公司Flexport，它建立了一个全世界的货运公司的数据库，并将其作为免费的软件提供给人们，为货运整合了一个更加高效的平台。

创始人们将原本通过邮件、传真、纸张来整理的货物清单一一实行数据化，克服了"从管制机构获得许可要耗时两年"的棘手难题，如今作为让全世界的物流更加高效的服务而备受瞩目。他们所参与的课题在业内虽然早已被视为课题，但是因为这个课题既棘手又乏味，所有人都选择视而不见。最终，选择挑战这个课题的Flexport实现了巨大的增长。

越是想要做较大的工作，就越是牵扯到法律法规、既得利益等，会产生很多麻烦的工作。所有人都不喜欢踏入这样的领域。但是反过来思考，因为谁都不愿意做麻烦的工作，所以有时会有一些大型的课题和市场无人问津。

还有一点最为重要，那就是大多数创业者都容易误解，认为"麻烦的工作不可避免"。

有一部分打算做创业公司的人，倾向于做一些可以轻松赚钱的光鲜计划。例如"与大公司合作，从大公司获取数据，采用机器学习……""让门店售卖自己制造的产品""先与行政机构合作宣传"之类的计划。

这些计划的确貌似立刻就能赚到钱，而且似乎能轻松推进。但是现实却令人遗憾，只要这个人没有过硬的人脉和实际业绩，这些计划大多没有什么商业效应。

如果你只是一个没有任何实际业绩的人，都能与别人合作，避免掉烦琐的工作，那么其他人有什么理由做不到？这个创意又有什么理由无人问津，最终落到你手中？

尤其是黑客或工程师，大多倾向于避免麻烦的工作，保罗·格雷厄姆也这样说过：

"创业孵化器所致力的许多事情中的一件事，就是告诉人们麻烦的工作无法避免。是的，创业公司无法仅仅通过写代码就起步。（中略）麻烦的工作不仅无法避免，反而是事业的大部分。一个创业是由它所接受的麻烦的工作定义的。"

商业一般是通过代替别人承担麻烦的工作来赚钱。麻烦的工作和俗套的工作无法避免。勤勤恳恳地收集数据、踏踏实实地做销售，这一类的工作是必不可少的。

当然，没有必要用麻烦的方式做那些麻烦的工作。只要利用技术或者新创意就能解放自己，高效地解决一部分麻烦的工作，业务也可以更加稳妥，并获得更高的利润。

我们大多可以通过行业的实地经验找到这些麻烦的工作。把目光放在被业界回避的"目前还很麻烦的工作"，通过技术等方式大大地改善它们，便可以成为创业公司的有效创意。世界上还有很多没有人愿意做的工作。

选择"难以解释的创意"

在思考优秀的创业公司之际，还有一个很重要的反直觉的思维方式，**那就是"优秀的创意难以向人解释"。**

人们一般会认为："优秀的创意是任何人听了都能轻易理解的创意。"例如经常会听到这一类的言论——"可以一言以蔽之的简单创意最优秀""品牌标语需要能用6个英文单词总结""能用简单的语言说明复杂的事的人是聪明人"等等。

创业公司的创意和产品越简单就越受欢迎。其实，从简单的创意出发更容易专注于一件事。尽管如此，为什么晦涩的内容可以成为创业公司的优秀创意？因为简单和晦涩是可以兼顾的。

爱彼迎的案例我举过很多次了，它的"在别人家的空房间住宿"的创意就极为简单。优步（Uber）的体制也可以简单地解释为"通过智能手机搭乘陌生人的便车"。

但是，如果你是在这些创意出现之前第一次听到这样的介绍，或许会感觉很"荒谬"。换言之，这些创意即使可以通过简单的表述让人理解字面意思，其深层的内涵却难以让人理解。

创业公司的创意和产品需要简明易懂，否则就难以传达给别人。但是，并非成功传达这个创意就可以说是简明易懂的创意。有些事如果没有特定的情境和相通的经历就依然难以理解，也就是说依然有可能无法说明。

大概是看到这种情况，彼得·蒂尔曾说过：

"真正成功的公司，是难以纳入既有范畴、难以说明业务内容的公司。"

随身听如今已经不是什么新鲜物品了，但它曾经作为"专门用于重播的可随身携带的盒式录音带播放器"而备受瞩目。当时，"没有录音功能的播放器卖不出去"是人们的共识。也就是说，随身听是一个不合理的创意，是一个在既有范畴中无法进行分类的产品。

最近几年有一个案例就是"iPhone 开辟了智能手机的范畴"。在 iPhone 刚诞生不久的那段时间，安卓手机等也被称为"iPhone"，或许很多人还对此记忆犹新。运动相机 GoPro 也是一个在诞生初期没有合适范畴的产品领域的代表性产品。日本也有一个时期将所有固定放置的游戏机统称为"家庭电子游戏机"。开辟新范畴的新产品，会成为该范畴本身的名字。

优秀的创意起初都不容易被人理解，也没有贴切的范畴。但是，一旦你能发现过去连顾客都没有意识到却真正有需求的全新范畴，这个创意就会迅速增长。

不是更好之物，而是"另类之物"

全新范畴的产品都具有一个特点：它们大多不是比过去"更好之物"，而是不同于现有事物的"另类之物"。

据说创业公司的产品性能必须是过去的 10 倍,或者成本和耗时是过去的 1/10。如果没有这样的悬殊差距,人们就不会选择没有信誉保证的创业公司的产品。

想要制造这种"相差悬殊"的产品,最好专注于某个领域,思考与过去截然不同的方式,这样做比只改良某个方面更容易成功。

例如被亚马逊以大约 650 亿日元收购的物流创业公司 Kiva Systems,就注意到了一个过去一直被回避的问题:"在物流中心,工作人员要一边移动,一边拣货并运送物品。"他们决定用机器人解决这个问题。这在公司成立的 2003 年看来是一个无比"疯狂的创意"。而且,他们的解决方式并不是让机器人像人类那样去取物品,而是将它放在货架下方,让它载着放置商品的货架送到人的面前。如果是一般的思维方式,应该会思考如何进行高效的货架布局,或者使用小型平衡车等工具加快人的移速。但是,他们考虑的却是移动货架本身。

按照他们的"另类"方法,机器人会把商品运送到最合适的位置,因此,除了整体的揽货作业加快了,工作人员也不必移动,从而使通道的面积比过去更小,大大节省了仓库的整体面积。这就是一个实现了相差悬殊的效果的实例。

另外，我们经常在海岸看到的集装箱，也是一个采取这种"另类"方法的案例。

在集装箱出现以前，比如在20世纪60年代之前，"均衡装载"从陆地上运送来的各种形状的货物是海运公司的竞争优势。

然后集装箱出现了。使用集装箱，节省了陆路运输与海上运输之间必不可少的"均衡装载"的步骤，实现了陆海运输的无缝对接，从而使原本公司的竞争优势的"均衡装载"不再有效。他们通过做陆运到海运之间的垂直整合，推动集装箱的规格标准化，实现了一种彻底"另类"的方式。如果只看海运，这将是一个永远也想不到的解决方案。

如上所述，想要优化某种产品，只简单地改良是不够的，重新思考方案本身也许会成为突破的契机。

用幼稚的解决方案解决"反领域的课题"

彼得·蒂尔说过："探索秘密的最佳地点是谁也没有看到的地方。"

借用麻省理工学院媒体实验室（MIT Media Lab）主任伊藤穰一的话，或许可以称这种谁也没有看到的领域为"反专业"（反学科，Anti-disciplinary）。关于反专业，他在自己的博客中如下阐释：

"跨学科的研究是指各种不同领域的人共同进行研究。但是，反学科却与之截然不同。反学科的目的是在无法简单地与既有的任何学术领域相匹配的领域——具有独立的语言、框架和方法的独立研究领域——进行研究。"

同时，刊登于科学杂志的论文《非典型组合与科学影响》（*Atypical Combinations and Scientific Impact*）指出，最常被引用的论文大多都是不属于传统领域的反领域的研究。

据说古登堡之所以能够发明活字印刷机，是由于他在看到葡萄压榨机之后突发奇想，觉得可以将它用在印刷中。将某一领域的先进知识和工具用在其他领域的反领域的尝试，也许会成为创新的契机。

创业公司攻陷反领域的课题和技术，有如下几个优势：

首先，因为还是混沌的领域，因此无法预测市场规模，重视规划的大公司很难进入。第二个优势在于课题悬而未决，因此，解决方案即使很幼稚，也能充分发挥效用。

刚刚提到的活字印刷机也是如此，古登堡所发明的印刷机仅仅比写生的速度稍快一点,或许当初其他公司或团体还曾嘲笑过它"像个玩具"。但是即使如此,对于一部分特定的人而言,它却是一个有效的解决方案,否则就不可能销售成功,而且,通过获得的利润,其性能逐步提升,大大拓宽了人类的知识积累和传递的可能性。

彼得·蒂尔反复强调"创造并垄断新的价值"和"从小规模的市场起步",换句话来理解,就是积极开辟被称为反领域的小规模的新领域,才是创业公司创造并垄断新价值、实现快速增长的要义。关于这些,我在第二章也会详细讨论。

目前还"难以说明的课题"

想要找到这种反领域的课题或者难以说明的创意,不能追求一时的潮流,而要发掘世界上的大多数人都遗漏的创意。话虽如此,大多数人却都容易追逐潮流。风险投资者等投资人也同样如此。

2008年,脸书有大获成功的趋势,所有人都纷纷成立社交网站,很多投资者为了追求"下一个脸书",也做了大量投资。

但是,当时成立并取得成功的创业公司,仅有优步和爱彼迎等共享经济类型的企业。2012年前后，在这些公司崭露头角后，诸如"××版优步"的共享经济服务层出不穷，2017年的今天再回顾当时，此类的跟风服务大部分都没能实现快速增长。

目前担任创业孵化器总裁的萨姆·阿尔特曼回顾他本人的投资经历，坦言道："我给那些立足于流行创意的创业公司的投资，除了一个例外，其余都不顺利，而给那些遭到其他投资者拒绝的创业公司的投资，反而取得了更好的成果。"似乎可以说，真正能快速增长的是那些没有任何人寻找的创意。那些创意大概还藏在未被发现的领域，如今还没有一个合适的名称。

反言之，积极地参与"目前还难以说明的某种课题"，致力于别人都没有看到的领域的课题和解决方案，可谓是实现快速增长的方式之一。即使课题本身还没有被命名，却可以通过不断地摸索，最终厘清待解决的课题的概念，这种挑战在寻找可以快速增长的创意之际非常重要。

不是想出，而是"发现"

保罗·格雷厄姆说过，创业公司的创意不是"想出来的"，而是要去"发现"。也就是说，创业公司的起点不应该是绞尽脑汁想出来的创意，而应该是在自身的经验中有机成长起来的创意。这点也具备反直觉性，是一个非常重要的启示。

只是，这个启示中还有一个难点：**即使你发现了创意，或许也意识不到自己发现了一个非常伟大的创意。**

例如，爱彼迎的"在别人家借住"的机制，也许对创始人本身而言非常普通，但是在别人看来却极不寻常。很多情况下，正是因为对自己而言过于理所当然，才会察觉不到这个创意的优点以及创意本身。

这种情况可以表述为："优秀的创意在经过一段时间之后，会让其他人意识到自己错过了一个重大创意。"换句话来说，即"对于其他人而言，是事后想来理所当然，当时却注意不到的东西"。

最近流行的聊天工具 Slack 如今已经逐渐取代了邮件的功能。其创始人发现，在数量过于庞大的邮件送到时，系统有崩溃的危险，他们又进一步发现，可以将邮件置换为聊天信息，Slack 的创意可以说就是从此时开始的。尽管现在想来很理所当然，但是当时注意到这件事的人却是极少数。

还有一个类似的说法："杰出而聪明的人在周末做的事，10 年后将会成为人们的日常。"互联网和智能手机等正是典型的例子。互联网和智能手机曾经只有科学家和技术宅使用，但是在一夕之间，普通人也都开始使用它们。有些事物的存在对于某些人而言是理所当然的，但是大多数人却浑然不觉，这样的例子在世界上屡见不鲜。

被称为管理学之父的德鲁克曾说过："对于创新最好的赞词，就是'怎么我没有想到'。"这样的发现，如今也有很多散落在你们自己身边。

总结一下上述内容，大概很反直觉，即不能去思考可以快速增长的创业公司的创意。创意不是思考出来的，而是需要去发现。因此，首先要关注自己的体验以及身边的人们在做什么。这可谓是寻找创业公司创意的方法。

急速的变化"从点滴开始"

这里提到的"发现"是个非常关键的词，我想从其他角度来仔细揣摩这个词。

左右创业公司成败的重要因素之一，是"选择有快速增长前景的市场"。但是，选择有快速增长前景的市场，需要非常困难的判断。因为，**翻天覆地的变化从点滴开始，数字是很难显现出来的。**

假如有一个团队，目前有 10 个客户，以每周增加 10% 的速度增长。

计算一下的话，下周将会有 11 人，再下周有 12 人，一个月之后将会增加到 14 人，一个月仅增加了 4 人，这种变化过于缓慢和微不足道。

但是，如果这种发展持续一年将会如何？一年之后，即 52 周过后，这个团队的客户将要超过 1400 名。持续两年将会达到 20 万人左右，持续三年，这个团队将要拥有大约 3000 万名客户。如此一来，这岂止是一个团队，而是一个市场。

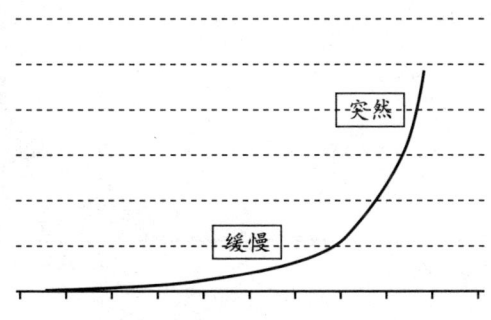

图 3　剧烈的变化如何进展

出处：Exponential curves feel gradual and then sudden
http://cdixon.org/2015/05/12/exponential-curves-feel-gradual-and-then-sudden/

这种非线性的变化和指数函数上的变化最初是缓慢的，只有在后来回顾的时候才能感觉到翻天覆地的变化。正如金融领域的复利效果对于人们而言是非直观且难以理解的，点滴的变化逐渐积累，就会让人感觉到"翻天覆地的变化"，这也是一个反直觉的事例的投射。

当然，不只是在理论上如此，其实这种变化在商业世界屡屡发生。

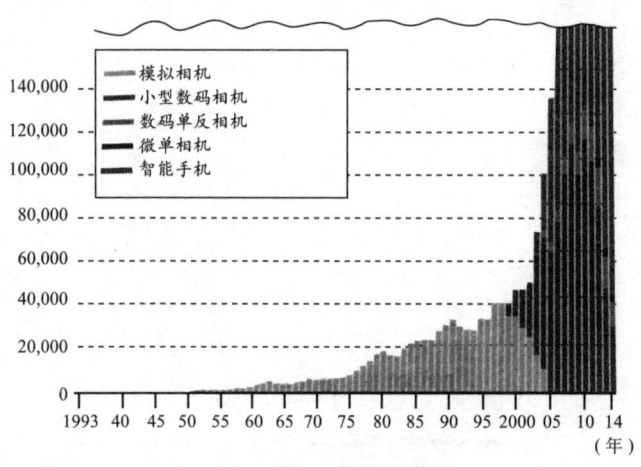

图4　相机台数的增长

出处：Michael Zhang, "This is What the History of Camera Sales Looks Like with Smartphones Included", http://petapixel.com/2015/04/09/ this-is-what-the-history-of-camera-sales-looks-like-with-smartphones-included/

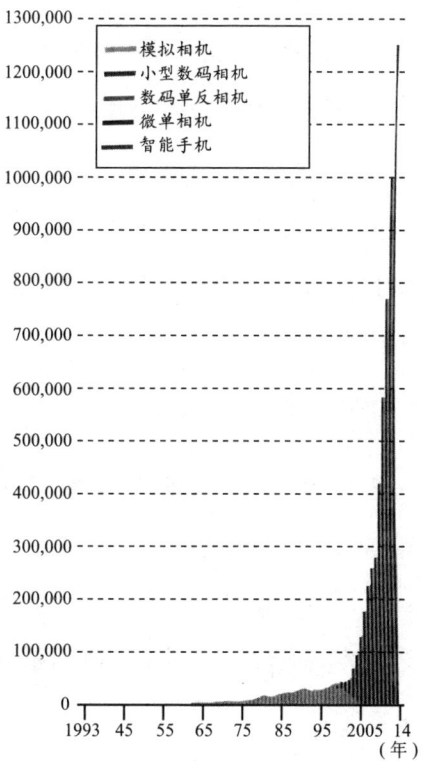

图 5　不使用对数表现相机台数的增长

出处：同图 4

例如，相机的台数如图 4 所示，在这几年内激增。虽然主要是手机里装载的相机拉动了这个数字，但是相机台数的增长方式是与我们的直观感受相悖的。

图 4 如果不使用对数来表示，就会如图 5 所示。

2008 年，在这种变化初现端倪就注意到它的人，通过开发拍照 APP 赚得盆满钵满。照片墙和色拉布（Snapchat）等照片美化 APP 就是这样的例子。

指数函数性的变化也与直观现象相反。因此，我们不能只看眼前的数据，更关键的是尽早"发现"变化的征兆。

"Why Now?"

据说，初期的创业公司向投资人介绍商业计划，也就是在做 pitch（向投资人介绍商业计划）时，需要提前回答"Why This？""Why You？"以及"Why Now？"三个问题。即"为什么是这个创意""为什么你们的团队可以完成"以及"为什么是现在"。

给众多优秀创业公司投资过的风险投资创业公司红杉资本有个提问非常有名："为什么既不是两年前也不是两年后，而是现在？"这就是"Why Now？"。与此同时，孵化器 Idealab 在分析各种各样的产品后得出结论：它们的成功最重要的因素是时机。

能够预测到剧烈的变化即将从此开始的不是市场分析，也不是任何人都认可的理论，而是自己的洞见。对于"Why

Now?"这个问题,必须通过自己的洞见,回答不得不从此时此刻开始的理由——只有从此时开始才能在短期内快速增长的理由。创业者要比投资者更早洞察到这种剧烈变化的征兆。

应该关注的是"变化莫测的科技"

在现代社会,只有科技拥有在短期内发生剧变的可能性。

在几万年、几千年的光阴里,科技进步的脚步无比缓慢。以石斧为例,据说它实际上有超过100万年的时间几乎没有任何变化。另外,《连线》(*WIRED*)的创刊编辑凯文·凯利在他的著作《技术元素》(*The Technium*)中也指出,从前,水车不会一年进步一次,铁的强度也不会十年提高一次,玉米的收获量也不会几年就激增一次。

如今却不同,科技以日新月异的速度不断变化。

创业孵化器的萨姆·阿尔特曼指出,创业公司要关注的不仅仅是最新的科技,更应该关注的是会迅猛发展的科技。

尤其应当关注如下三个方面:

- 性能
- 成本
- 周期

例如，半导体曾经呈现指数函数变化。"摩尔定律"指出："集成电路上可容纳的元器件的数目，大约每隔 18 个月便会增加一倍。"实际上，两年就会增加到 2.5 倍左右，五年会增加到 10 倍左右，十年将要增加到 100 倍左右，性能也会大幅提升。

最终，具有较高计算能力的智能手机进化为可以一手握住的大小。这样既符合人们的需求，又节省了成本，如今全世界已经有数十亿人拥有手机。如图 5 所示，相机的台数也随之提升，拍摄的照片张数也大幅增加。使用手机的购物活动同样发生了变化，如今各种在线购物活动都可以通过手机来进行。

这些技术大大改变了我们的生活方式。又有多少人在 10 年前就预测到了迄今为止的变化？

最近几年，涉足生物工程的创业公司备受瞩目，背后的一个原因就是基因组信息分析的成本大幅降低。这一成本在最近 10 年以超越"摩尔定律"的态势不断下滑。

各国政府的绿色能源推广计划也与之相辅相成，太阳能发电的成本连年降低，效率也越来越高，绿色能源领域的创业公司再度受到了人们的关注。

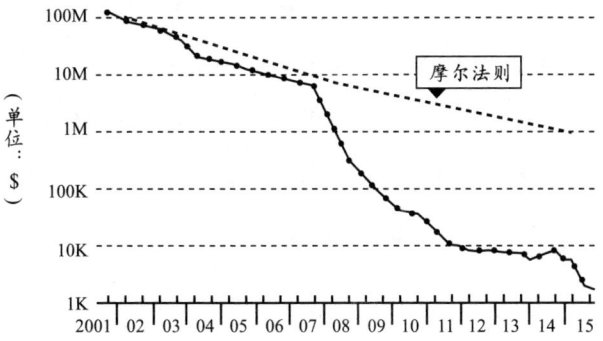

图 6 基因组信息分析的成本变化

出处：National Human Genome Research Institute
http://www.genome.gov/sequencigcosts/

科技价格越来越低廉带来了一个好处,那就是可以鼓励人们参加挑战。某种东西越廉价,人们就越愿意使用它,失败的成本也就越低,这就意味着可以有更多挑战的次数。

这样的影响在心理层面也很大,越是廉价的东西,越是可以无节制地随意使用。坏了只要再买即可,这种安心感会促进人们挑战,最终开发出平时预想不到的新用途,有时甚至会开辟出一个新领域。

例如,古登堡会想到使用葡萄压榨机,也是因为葡萄酒酿造厂遍地都是,他在酿造厂看到了压榨机的使用。

压榨机之所以能够让我们看到这种延展用途，价格低廉是一个重要原因，同时也要感谢当时的环境。即使古登堡为了研发用坏了好几台压榨机也无所谓，因为他轻而易举就能买到一台新的来代替。这样的环境为印刷技术的发明提供了支持。

从发明走向"创新"

在这种科技进步和发明的过程中，隐藏着某种试图改进迄今为止的物品的"疯狂的创意"。因此，灵活应用最新科技的创意本身，就具备成为优秀创业公司的潜能。

但是在大多数情况下，创业公司并不能仅靠科技进步就取得成功。**创业公司想要取得成功，不仅需要可以凭借先进的科技解决的大型课题，同时也需要可以维持这项事业的优秀商业模式。**

我在前文提到过，创业公司所需要的是性能显著提升、成本大幅削减的产品。例如，最近几年语音识别技术的准确度有了巨大的进步，究竟该如何使用它才能获得性能显著提升的成果，这取决于所参与的课题是什么。

在某种意义上，技术这个答案要先于问题而出现，换句话来说，就是"答案等待问题"的状态。

创新在日语中被翻译为"技术革命"。但是实际上，我们期待的却是创新能够创造出具有社会意义的新价值，为社会带来剧变。只依靠创新或"发明"大多数时候都无法惠及任何人，也不能为社会创造新价值。

另一方面，人们也经常说"创新未必需要技术"，但是大多数的创新的确是以技术进步为基础的。**一部分的创新会先有技术这个答案，通过找到能够用这个技术来解决的"问题"，才能发挥它的价值。**

例如激光最初是为了特定的目的而发明的，如今激光的原理已经广泛应用于 CD、视力矫正、显微镜手术等各个领域。发现了激光的原理的查尔斯·汤斯，在距离这一发现半个世纪后的采访中被问到"你可曾想到激光会有如此广泛的应用"时回答道："我当时做这项研究只是为了切割光线。"

最近几年的机器学习的一些进步，也是因为一部分人发现，为了游戏而升级的 GPU 可以在他们的计算工作中派上用场。

就像这样，在发明的当下所看不到的应用潜能，往往会在后来出现。

也就是说，如何让那些技术在有别于它们的本来用途的领域派上用场，其中也隐藏着创业公司的创意。

不应该止步于发明，而应该去思考从发明中可以发掘出什么样的创新和新价值。这种思考，也是找到创业公司的创意所不可或缺的思考方式。

创业公司是"幂法则"

接下来要介绍的是"创意"这章最后一个反直觉性，即创业公司所具有的"幂法则"的特征。在这一小节中，为了便于理解，我不想谈论某些创业公司的具体成功案例，而是想要按照风险投资的模式，从略微宏观的角度出发，把握创业公司这个行业的整体情况。

风险投资属于金融业，它通过购买创业公司的股票来代替对该公司的投资，在创业公司增长之后，再将价值上涨的股票卖出，以此获得回报率。

简而言之，风险投资的工作就是"在许多家创业公司之中，率先判断出哪些创业公司会成功"，并给这样的创业公司投资。在此有一个重要的观点，即创业公司的成功的分布状态呈现反直觉性。

在通常的竞争中，第 1 名、第 2 名和第 3 名之间一般都相差甚微。**然而，在创业公司的情况下，第 1 名和第 2 名之间甚至会相差数十倍。**选中第 1 名时，投资的回报率与投资金额之间的差额巨大，呈现非对称性。这种非对称性的现实与正常的认知之间，常常会有巨大的偏差，正如图 7 所示。这是创业公司的反直觉性的一个要素。

2012 年，彼得·蒂尔投资的脸书上市，他对该公司的投资实际上获得了 1000 倍以上的回报率。

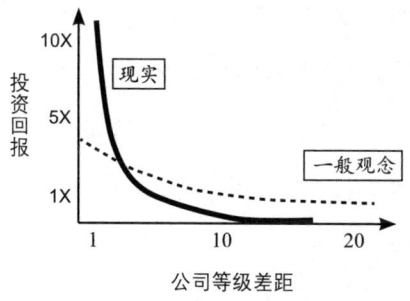

**图 7　创业公司的投资回报和公司
等级差距之间具有"幂法则"的关系**

令人惊讶的是，脸书这家公司的上市所带来的利润，在当年的整个风险投资行业所占的比例无比庞大，达到了 35%

左右。而且，2009年到2014年的回报率，脸书这家公司也遥遥领先。

一年里整个风险投资行业的大部分利润，最终都是由为数不多的十几家公司带来的。

创业公司的成功基本上都是离群值、异常值。风险投资公司想要获得出色的收益，必须找到能够正中这个离群值的创业公司。尤其是给还在初期阶段的创业公司投资的风投公司，会有更强烈的追逐"离群值"的倾向。

也就是说，风险投资追求的不是安打[1]，而是本垒打[2]。

风险投资所谓的"成功"不是投资的安打率。比起失败的频率，作出正确选择时成功的规模更为重要，这是一个"不能在意失败，必须大干一场"的事业。也就是说，重要的只有打出本垒打，安打和三振出局[3]对于他们而言没有

---

[1] 安打：棒球及垒球运动中的术语，指打击手把投手投出来的球，击出到界内，使打者本身能至少安全上到一垒的情形。——译者注

[2] 本垒打：棒球术语，指击球员将对方来球击出后（通常击出外野护栏），击球员依次跑过一、二、三垒并安全回到本垒的进攻方法，系棒球比赛中非常精彩的高潮瞬间。——译者注

[3] 三振出局：在棒球比赛中，打击者经裁判判定获得三个好球后，即被三振。记一出局。——译者注

任何意义。风投行业中的"贝比·鲁斯效应"一词就是源自这种现象。贝比·鲁斯是一名知名棒球运动员,他的三振出局较多,安打较少,可是本垒打却非常多。

因投资推特而广为人知的广和投资使用本公司基金进行了 21 项投资,其中 9 项投资以失败告终,数据显示,这部分的投资金额基本上打了水漂。

但是,剩下 12 项成功的投资,从高到低按照顺序排列,却分别获得了 115 倍、82 倍、68 倍、30 倍和 21 倍的回报率。在产生了如此庞大惊人的回报率时,失败率就微不足道了。

换句话来说,我们可以从中得出一个反直觉的结论,即"放弃高频率地追求马马虎虎的安打,致力于投资那些可能大大改变世界的项目",在风险投资的世界才是正确的投资。

事实上,尽管取得高回报率的风险投资公司打出本垒打的次数很多,但是击球未中(几乎没有回报或者亏损)的投资的数据也很高。

不追求安打,追求"本垒打"

这种非对象性给创业公司带来了一个启发:如果想要通过风险投资公司融资,做可以一举实现增长的事业,那么便应该考虑有可能突然火爆起来的事业，即可以追求本垒打的事业。如果拿着以安打为目标的商业计划去寻求风险投资创业的投资，对方大概也不会轻易同意。

追求本垒打还有另外一个意义，那就是可以帮助你获得投资人的支持。

越是优秀的投资人，就越了解为创业公司投资时的反直觉性，因此，他们最终只会给那些可以有巨大上升空间的对象投资。反之，越是平庸的投资人，就越不了解创业公司的反直觉性，因此容易给那些勉强可以赚钱、只追求安打的对象投资。

获得优秀的投资人的投资可以提高创业公司的成功率，而遇到拙劣的投资人时，就会扰乱创业的正常运营秩序，面临悲惨的结局。

从这样的观点中可以导出一个反直觉性的结论：创业公司在根本意义上的投机性创意，即"追求本垒打的创意，更易取得成功"。

当然，这是从风险投资公司之类的投资方获得投资时的情况。如果选择的是合理的创意，或者有很高概率可以做到安打的事业，就要另当别论，那时最好考虑银行融资等。

但是，如果追求的是短期内快速增长的事业，那么在思考公司的创意时，就应该尽可能在公司早期意识到成功时的规模所具有的反直觉性。

"蓝图、使命感和故事"的重要性

总结一下上述内容，即创业公司的优秀创意都具有反直觉性，是难以被周围理解的创意。

从某一个侧面来看，"创业者是孤独的"，或许我们要学会"正确地享受孤独"。

再重申一次，创业公司的优秀创意有可能受到许多否定。因此，拥有无论周围的人如何评价都能坚持下去的创意，以及拥有无论如何都要实现的蓝图和使命感，是想要建立创业公司的人所必须具备的精神支柱。

需要诚恳地接纳周围的意见，根据不同的情况调整前进的方向，却又能始终坚守核心理念。许多创业者其实都克服了这种困难。

埃隆·马斯克是目前全世界最受尊敬的企业家之一，他于2002年创立了SpaceX，步入太空探索事业。他刚起步时，几乎无人赞成让民营公司负责火星移民计划。

电动车创业公司特斯拉（Tesla Motors）创立于2003年，

当时，如果有人认真地谈论电动车和无人驾驶技术，或许会被大多数人嘲笑。然而，创始人们却承受住了人们的嘲笑，通过10多年坚韧不拔的努力，成就了今日的成功。

实现人类首次载人飞行的莱特兄弟也是一个例子。他们首次实现载人飞行时，第二天的报纸却完全没有刊登他们的故事，第三天也没有出现任何一篇介绍他们的伟业的报道。如今可以考证的首次介绍他们伟业的报纸，发行于他们实现飞行的3年后。

在此期间，他们带着自己的载人飞机到各地巡游。他们走遍欧洲和美国寻找投资人，通过让他们体验飞行，不断向他们证明："载人飞行真的可以实现。"

莱特兄弟就像创业公司一样，坚持"小规模生产"，他们不勉强发展客户，而是向世人展示飞机的意义及其实际的可行性，以此吸引到了一些初期客户以及愿意帮助他们传播动力飞机的出色之处的"布道者"客户。

即使是伟大的发明，最初都有可能没有任何人看到它们的价值。这样的事例还有很多。

收音机被当时的投资者们评价为"只能给陌生人传递信息的没有商业价值的装置"。电话最初也被认为没有价值，"没有马的马车"及使用汽油的汽车，在发明当时也遭到国会的冷眼。

此外，贝尔实验室发明的晶体管发布时，也被归类在"收音机相关新闻栏目"里，媒体仅用了4个段落的篇幅来报道。达尔文发表进化论论文的那一年的年末，林奈学会的会长评价它是"没有冲击力的发现"。就连披头士乐队初期也曾收到评价："吉他音乐落伍了。"

就创业公司而言，谷歌在初次融资之前进行了350次推销。在此之前，它一直被拒绝。与它的遭遇相同，在线聊天软件Skype被拒绝过40次，制造电脑网络设备的思科（Cisco）被拒绝过76次，在线广播潘多拉（Pandora）被拒绝过200次，它们在获得第一笔融资之前，反复推销并且反复遭遇失败。但是正因为它们没有放弃，才能从投资人那里获得资金，将事业越做越大。

无论是在科学界还是在商业界，都有很多这样的案例，正因为它们历经无数失败也不放弃，才最终铸就后来的辉煌。实际上也有研究结果表明，越是顽固地对抗流行趋势，不为流行趋势所动的公司，就越有可能成为上市公司。

保罗·格雷厄姆认为创业者的一个重要的资质是"Relentlessly Resourceful（敏思笃行，随机应变）"。在经营创业公司的过程中一定会遇到不好的事，经营创业公司如同乘坐云霄飞车，状况瞬息万变。面对这些状况，灵活地随机应变，同时坚守核心的信念，不断寻找解决方案，是创业者所必备的资质。

如果面对突发状况时没有信念的支撑，就只会惊惶无措地到处乱跑。为了始终坚守事业的重要部分，蓝图、使命感和故事对于创业者而言，也是必不可少的精神支柱。

蓝图、使命感和故事不仅能帮助自己，还能如前文所述，成为吸引更多人加入自己的创业公司的原动力。

当然，如果是单纯的糟糕创意，那就应该早早撤离。但是萨姆·阿尔特曼也指出，很多创业家"过早放弃"。

作为"未来的假设"的创业公司

本章主要介绍了什么样的创意对于创业公司而言算是优秀创意。

或许有人会把这些粗暴地总结为"与时代背道而驰，做逆向投资"。但是，本书想要传达的观点是："如果把范围限定在创业公司这一领域，便会有相应的优秀的逆向投资方法。"

创业家们相信，世界上还有很多隐藏的秘密，从这种乐观的信念出发的创业公司的创意，可以称为"没有人相信，唯独自己相信的关于未来的假设"。

正因为现在无人相信，只要能够准确预测，回报率就会很高。比如"这项技术今后会流行起来"或者"社会与世界理应如此，而现在可以做到"等未来的假设。

提供谷歌邮箱和社交网络服务交友网的研发者，与Y Combinator也有密不可分的关系的保罗·布赫海特建议创业者们："去创造未来生活中不可缺少的事物吧。"彼得·蒂尔则认为应当自己问自己："从现在开始10~20年的将来，世界会如何发展，自己的事业如何适应那样的世界？""还没有任何人成立的有价值的公司是什么样的公司？"

只有你自己相信对未来的假设，到底是什么？

这个问题的答案，一定会成为你自己的创业公司的创意。

本章总结

- 对于创业公司而言，不合理的创意才是合理的，需要去寻找表面糟糕实际上优秀的创意。但是也要注意，看上去糟糕的创意，几乎都只是糟糕的创意。

- 困难的课题和麻烦的课题会得到周围的支持,而且没有竞争,因此,这样的课题比较简单。所以我建议选择具有巨大社会影响的大型课题。
- 本章所介绍的内容针对的只是为了短期快速增长所需的创意,不能适用于所有公司。

专栏　创意的验证表

为了验证某个创意"是不是表面糟糕实际上优秀的创意",我将可以参考的投资人和创业者的发言整理为下述验证表。你的创意未必需要全部回答,但是可以将其视为验证的准则。

创　意

1.这个创意是不是表面糟糕实际优秀的创意?(萨姆·阿尔特曼)

2.这个创意的前提是不是几乎无人赞成唯独自己知道重要的真相?(彼得·蒂尔)

3.这个创意是不是使用了只有自己知道的秘密?(克里斯·迪克森)

4.这个创意是不是精英会在周末做的事?(克里斯·迪克森)

5.是不是用思考"如果有人能够替我解决,我希望他能解决什么问题"代替思考"我应该解决什么问题"?(保罗·格雷厄姆)

6. 还没有任何人成立的有价值的公司是什么样的公司？（彼得·蒂尔）

验 证

7. 你的创意是不是并非想出来（think up）的，而是注意到（notice）的？（保罗·格雷厄姆）

8. 你是不是比起创意更关注人，尤其是那些异常有活力且有旺盛的独立思想的人，并从他们身上发现了这个创意？（保罗·格雷厄姆）

9. 这个创意是不是模仿的创意？（保罗·格雷厄姆）

10. 在将这个创意告诉别人时，是不是大多情况下都得不到理解，令你感到非常痛苦？（是否被人嘲笑？）（克里斯·迪克森）

11. 有没有把创意保密？（克里斯·迪克森）

12. 能否回答"Why Now?"的问题？为什么两年前太早，两年后又太迟？（红杉资本）

13. 能否回答"Why You?"的问题？别人做不到，只有你可以做到的理由是什么？例如，你是一个有求知欲的人或专业人士吗？（保罗·格雷厄姆）

14. 这个创意是不是你从自己的直接经验中发现的？（克

里斯·迪克森）

15. 在别人或专家看来，这个创意是玩具一样的小儿科吗？（克里斯·迪克森）

16. 是否打破了现在的社会秩序？（克里斯·迪克森）

17. 这个创意是否只获得一部分投资人的认可，而多数投资人认为很糟糕？（萨姆·阿尔特曼）

18. 这个创意不是为了成立创业公司而专门想出来的创意，而是顺其自然出现的创意吗？（保罗·格雷厄姆）

19. 是在思考未来时，如今缺少但未来应该有的东西吗？（保罗·布赫海特）

课　题

20. 是迄今为止被遗漏的问题吗？（保罗·格雷厄姆）

21. 是抱着使命感参与的困难的课题吗？（萨姆·阿尔特曼）

22. 这个创意有理由让在谷歌或其他公司有更高薪资、更高地位的人，以第20条的志愿者的身份选择加入你的公司吗？（彼得·蒂尔）

23. 这个创意的执行是不是伴随着困难和麻烦，因此无人愿意接手？（保罗·格雷厄姆）

24. 是否经过了牙刷测试（你的服务是否有价值，可以让顾客每日的访问次数超过一日使用牙刷的次数——两次）？

技　术

25. 是最早意识到可以使用最新技术来解决新问题的创意吗？（保罗·格雷厄姆）

26. 可以实现不是两倍或三倍，而是十倍以上的大幅的效率提升和成本缩减吗？（本·霍罗威茨）

27. 是成本和周期正在剧烈变化的技术领域吗？（萨姆·阿尔特曼）

28. 是既有技术的全新组合或者挑战新领域的技术吗？（史蒂文·约翰逊）

战　略

29. 是不是目前只在小市场兴起？（彼得·蒂尔）

30. 可以垄断这个小市场吗？（彼得·蒂尔）

31. 是快速增长的市场吗？（萨姆·阿尔特曼）

32. 如果就这样顺利地推进，可以成长为多大规模的公司？（萨姆·阿尔特曼）

33. 如果有竞争对手，你具有优势吗？（没有竞争不是一个好答案）（艾伦·哈里斯）

34. 是不是从小规模生产开始的？（保罗·格雷厄姆）

第二章

垄断

瞄准小市场,缓慢扩张

很多创业公司都始于创始人的蓝图、使命感和创意。他们为了实现自己的蓝图和使命感而制定战略，并基于战略打造产品和服务。

创业公司的战略未必从一开始就已经确定。创意和产品具有相同的性质，它们都需要在与客户的交流中发现并完善。

但是，如果完全没有战略，就无法决定前进方向和前进方式。

有段时间创业公司流行不制定战略，而是尽早经历失败，调整（转换）事业方向，只要在这个过程中制定战略就可以了。但是最近人们却重新认识到了战略的重要性。

最近几年，关于追求快速增长的企业建立了什么样的战略（无论是计划性的，还是结果性的），我积累了一些见解。但是，战略中也存在几个反直觉的思维方式，与创业公司之间存在着斩不断的联系。

因此,我想在本章介绍可以适用于创业公司的反直觉的战略思维,尤其是围绕彼得·蒂尔的观点对本章的内容加以阐述。

避免竞争,实现"垄断"

在思考创业公司的战略时,"垄断"是个重要的关键词。

这或许也是一个具有反直觉性的事实,创业公司应该追求的不是胜利,而是避免"竞争",实现"垄断"。

人们通常会认为竞争是好事。如果竞争越来越激烈,最终会给消费者提供更便宜、更优良的商品,这是经济学的入门课教给我们的。作为一名消费者,我们也都有切身的体会。

但是站在公司的角度,激烈的竞争却有可能带来惨烈的结果。在激烈的竞争下,长此以往将难以获得收益,而且一旦陷入价格战,创业公司这种小资本公司就会立刻垮台。

对于创业公司而言,利润较低的事业终究不是一个好选择。

既然是创业公司,暂时没有利润是正常的。但是,如果一直都看不到获得巨大利润的可能性的话,即使有所发展,也是处在贫困的边缘，无法迈出可以快速增长的关键一步。

但是，如果能够实现垄断，就有可能获得高额利润。

通过垄断获得的收益，会成为创业公司下一个阶段的发展的源泉。因为有高额的利润，就可以长期对创新投资。而对创新的投资，将会更加巩固公司的垄断地位。

竞争会"倾斜"

我想要介绍另一个与垄断的话题相关的具有反直觉性的事实——在创业公司之中，几乎不存在获得中等程度利润的公司。

有比想象中更多的公司处于两个极端，要么获得了巨额的收益，要么就只能靠着微薄的利润苟延残喘。**也就是说，竞争环境很容易两极分化，要么出现过度竞争，要么形成垄断。**

彼得·蒂尔指出，很少有哪个行业会存在很多竞争一般、利润也一般的公司。既然总归要向"竞争或垄断"这两个极端的某一端倾斜，那么创业公司就更应该以垄断为目标。

如果只是敷衍地参与竞争，总有一天会被卷入激烈的竞争，导致利润一落到底，无法长期为创新提供支持。

执笔过《竞争战略》（Competitive Strategy）等多部著作的战略论专家迈克尔·波特（Michael Parter）也强调"公司不能参与竞争"。这很反直觉，但思考"为了在竞争中取胜，应该如何从竞争中脱离"却极为重要，这是持续获得高额收益所必不可少的思维方式。

垄断是给消费者提供的"便利"

垄断听上去似乎对消费者不友善，可它不一定只会产生负面影响。

垄断之所以会发生，追根溯源只是因为你提供了其他公司无法实现的独一无二的价值，因此占领了一部分领域。你拥有只有你的公司才能够提供的价值，只要没有相对更便宜的替代品出现，顾客就会认为这是产品溢价，很乐意为此买账。只有在做好独创产品时才能形成垄断。

正如上文所述，垄断公司可以长期为创新投资，因此之后也更容易掀起新的技术创新，培养新的人才。

例如，美国的贝尔系统（Bell System，现在的 AT&T）垄断电话业务期间，它的研发机构贝尔实验室研发出了电话交换机、晶体管和信息理论等各种技术，这些技术为今天的电脑奠定了基础。这也是从长期垄断中诞生的创新的案例。

在当今时代，谷歌、微软以及脸书等公司将它们获得的利润进一步投入到研发之中。例如，谷歌的 X 实验室团队，迄今为止做了许多有巨大野心的项目，比如"前往月球"（Moonshot）等，脸书也进行着让互联网遍布全世界的活动。就像这样，垄断公司的巨大利润孕育出新的创新，可以成为探索对于消费者而言的新价值的原动力。

为了持续获得利润，同时也是为了长期发起革新，创业公司应该以垄断为目标。想要垄断，就不应该追求在竞争中获胜，而是要通过独一无二的方法，创造独一无二的价值。

垄断的"条件"

我在前文介绍了垄断的重要性，接下来的篇幅，我想要介绍一下实现垄断所需要的战略。

垄断的战略中最重要的就是"速度"。 之所以需要速度，是因为如果不能在其他公司进入这个市场之前一举实现垄断，就仍然会被卷入竞争的旋涡。彼得·蒂尔认为，想要迅速垄断市场需要满足以下几个条件：

- 选择小市场
- 少数特定的顾客集中
- 几乎没有竞争对手
- 具备能持续打动顾客的机制（黏性，stickiness）
- 扩大规模所需的边际成本较低

由于 IT 领域容易满足这些条件，同时具有规模经济的性质，因此具有更容易实现垄断的优点。彼得·蒂尔还指出，最近几年硅谷的繁荣也是因为"满足这些条件的 IT 公司较多"。

这五个条件之中最具有反直觉性的大概就是"选择小市场"。为什么给人的第一印象不合理的"选择小市场"战略，对于创业公司而言如此必要呢？

想要理解这一点，需要首先站在大公司的逻辑上，从他们的角度审视这个战略。

利用"创新的窘境"

大公司都倾向于排除可以预见的风险，同时，它们在作决策时尤其重视合理性。大多数情况下，合理的决策会导向正确的结果。**但是有的时候，这种合理性却会酿成错误的决策。**

哈佛大学的克里斯坦森教授等人将这一点作为公司经营的理论发布，这个理论所揭示的"创新的窘境"现象尤其有名。

创新的窘境指的就是由大公司主导的名为"渐进型创新"的循序渐进的技术进步，被从低端市场出现的"破坏式创新"所取代的现象。

在谈论这个理论时，我们更容易注意到"渐进型创新"和"破坏式创新"的鲜明对比的部分。但是，我们却更应该将目光放在决策的过程，即"为什么现有创业会给渐进型创新投资"。

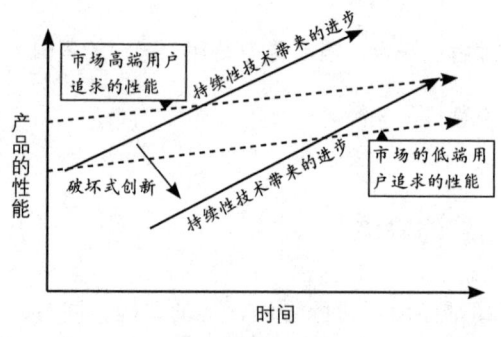

图8　创新的窘境

克里斯坦森等人认为，大公司无法应付破坏式创新的理由，归根结底"不在于它们没有注意到破坏式创新，而是在于经过合理的判断，选择对破坏式创新视而不见"。关于这点，我想更详细地加以介绍。

大公司聆听客户的声音，推动技术和组织的进步，是合理而且值得称道的活动。他们源源不断地对循序渐进的创新投资，以此来满足客户的需求。因为能够看到在这种举措下，近期的销售额有所增长，所以可以确定这个判断是合理的。于是，组织随着销售额一帆风顺地向前发展，并不断地优化调整，提高效率，而组织的运营所必需的利润和成本的结构也在逐渐发生转变。

假设就在此时，破坏式创新出现了。

破坏式创新大多都始于低端市场，从"满足较小的需求的产品或服务"起步。假如你的组织一直追随着渐进型创新，并逐渐发展壮大，此时你们也注意到了破坏式创新的出现，但是由于破坏式创新所瞄准的市场无法产生足以支撑组织的利润，所以你们选择不为它投资，这种判断也是合理的。

如上所述，通过渐进型创新成长起来的公司基于合理的判断忽视了破坏式创新的市场。然而破坏式创新此后仍然会持续推动技术进步，提升性能，目标市场也会逐渐增长，总有一天会取代现有公司的产品。

作为存储装置的磁带被 HDD（硬盘驱动）所取代时，就"产生了"这种创新的窘境。

也就是说，组织不是输给了破坏式创新本身，而是输给了组织所作出的合理判断，组织最终陷入窘境。这就是"创新的窘境"所指出的重点。

从中可以获得的教训是："既有公司如果只作合理的判断，就会产生误判"。而且，"这种合理的判断，大多数情况下都无法避免"。

如果反过来思考，这件事就会成为想要打倒大公司的创业公司的重要启示。

创业公司踏入必须作合理判断的大公司所不会踏入的领域，可以避免与大公司竞争。尤其是踏入正在剧烈转变的市场将会面临巨大的风险，组织越庞大，决策就越困难。如果能够趁着大公司走各种流程的空当垄断市场，创业公司就有取胜的希望。

在这样的情况下，采用乍看之下不合理的创意，瞄准小市场，才是有利于创业公司的战略。

瞄准"小市场"

创新的窘境教给我们的另一个重点就是不瞄准大市场，而是瞄准小市场的好处。 这也是一个具有反直觉性的事实，可以成为创业公司的重要启示。

商学院一般推荐瞄准大市场。因为显而易见，只要能在大市场上赢得百分之几的市场份额，就能够取得足够多的营业额。

但是，创业公司所应该瞄准的市场，却是"尽管现在还很小，却在快速增长的市场"。创业公司应该瞄准小市场的理由有五点：

第一，想要接触一开始就在大市场的客户，需要花费相应的市场营销费用，而创业公司出不起这个费用。如果即使如此仍然想接触，哪一个渠道才是真正能够把信息传递给客户的有效渠道，也无从判断。

第二，理解创业公司制造的先进产品的原始客户，终究只有少数人。因此，创业公司最好从一开始就专攻这些人所在的小市场。

第三，市场越大，竞争就越多，想要实现差异化就会变得更困难，最终利润会骤减。尤其是在可能发生价格竞争的领域，能力较小的创业公司幸存下来的可能性很小。

第四，我在"创新的窘境"的话题中也谈论过，越是小市场，大公司就越难进入。而且，趁它们犹豫是否要进入该市场的空当，创业公司可以垄断这个市场。

最后，小市场具备迅速垄断的可能性。如果从一开始就瞄准大市场的话，垄断会耗时很久。因此，首先垄断小市场，在小市场赚取利益，同时瞄准下一个市场，可以避免被卷入竞争。

因为有这样的背景，创业公司首先瞄准小市场，就可谓合情合理了。

其实，选择什么市场大体决定了创业公司本身的成败。据很早就开始做创业公司的投资的利益集团（Ironstone Group）分析，左右创业公司成功的因素，大约有80%在于市场的选择。

瞄准"快速增长的市场"

不过，只是瞄准小的利基市场是无法快速增长的。创业公司最根本的目标还是快速增长。**因此，需要瞄准目前虽然小却在快速增长的市场。**

例如，1995年，亚马逊的创始人杰夫·贝佐斯的目标就是商用的限制被解除，使用者逐渐增多的互联网市场。据说当时全世界的互联网用户只有数百万人左右，而且用户群体主要是科学家和大学生等，互联网是这些很难称得上对消费特别积极的人们所使用的空间。

正是因为这样，才没有多少人可以想象到，会有今天这么多的普通人通过互联网购物。

后来Windows 95上市，普通人也能勉强买得起电脑了，从那时起，互联网瞬间普及开来。现在回想一下，你大概会觉得互联网的流行是理所当然的。然而有一个"重要的真相"却是，在亚马逊创业成立之际，杰夫·贝佐斯的这一"互联网会在全世界普及"的信念，"几乎无人赞成"。

2005年至2010年间，出现了智能手机这个迅速普及的新平台。今天看来智能手机的普及或许是理所当然的，但是在2007年iPhone刚诞生时还没有应用商店，很多人对于智能手机是否能在全世界流行还抱怀疑态度。后来应用商店开放，最早研发面向iPhone的应用的一部分公司，与智能手机这个蓬勃增长的市场共同发展起来，很多应用程序的研发者和创业公司、游戏公司等，都迅速地实现增长。

选择小市场似乎是反直觉的，但是回顾历史，如今成长壮大的公司的事业最初也都是从小市场开始的。因此,"寻找虽然现在很小,却会在短期内快速增长的市场,并将赌注压在它身上",看起来不合理,实际上却是合理的创业公司的判断。

但是,如今并非所有的小市场都有可能快速增长。当前正在迅猛发展,今后似乎也有可能发展的市场,将来是否可以继续发展,还是一个未知数。

那么,这个市场今后是否真的能快速增长,我们又该如何判断?

这个问题还没有明确的答案。就连迄今为止见过成千上万的创业公司的保罗·格雷厄姆也明确表示:"因为未来来自无法预测的地方,所以不可能预测,我决定放弃预测。"

但是,保罗·格雷厄姆同时也建议,比起创意,更应该将目光放在人的身上,并且要尽量与具有新创意的人们交流,这样做更容易预测未来。与创意一样,想要扩大市场也需要"发现"。

例如,决定给 YouTube 投资的风投专家每次去参加毫无关联的其他创业公司的会议,都会听说每个人都在看油管,他由此发现了油管的价值:"我对油管的投资是毫不迟疑的。"

"长期"垄断

垄断小市场之后需要的是长期维持这一垄断状态。尤其是那些快速增长的市场，伴随着它的发展会产生巨大的空白地带，因此，竞争对手容易乘虚而入。

彼得·蒂尔指出，想要维持长期的垄断状态，需要满足以下四个要素的任意一项：

- 专利技术（独家专卖技术）
- 网络效应
- 规模经济
- 品牌

"专利技术"是指具有知识产权的技术优势、难以被模仿的技术；"网络效应"指的是具备随着使用的人越来越多，便利度和价值也越来越高的性质；"规模经济"是指每次生产量提高就会造成成本下降，利润上涨；"品牌"则是公司和产品的固有形象。

彼得·蒂尔在其他演讲中列举了他在《从0到1》中没有提到的垄断所需要的三个附加条件，即"分配""政府""复杂的组合与调整"。关于分配，我将在第三章详细介绍。政府指的是法规和许可，最后的"复杂的组合与调整"指的是将既有的事物按照特殊的方法组合，创造新的价值，他认为这是在硅谷被过度低估的一个要素。

例如，置入到初期的智能手机中的技术并没有很多新鲜东西。反过来说就是在这个案例中，智能手机将既有的零件和服务按照适当的方式进行复杂的组合与调整，从而创造出了新的价值。彼得·蒂尔认为特斯拉和 SpaceX 也是同一类的创业。

你要做的就是认识到这些长期垄断的必要因素，将它们进行组合，同时抢先垄断小市场。如果垄断需要资金，那么就应该在充分了解资本成本很高的基础上，通过风险投资公司来融资。

尤其是创业公司的公司价值，大多是按照若干年后，长则 10 年后产生的利益进行估算的。因此，可以长期产生价值的机制即可以持续垄断的机制，对于创业公司而言至关重要。

"缓慢"扩张

只是持续垄断规模小但是会快速增长的市场还不够。在此之后，还需要考虑如何才能扩大垄断的规模。

2004年发布的脸书，最初是从垄断哈佛大学学生这个小市场起步的。它的扩张速度非常惊人，在发布后10天左右，就有60%以上的哈佛学生注册了脸书。

此后，它以被称为美国"常春藤联盟"的名校为中心风靡开来，随后，美国的所有大学生都开始使用它，到了2006年，它终于向全世界的人们开放。脸书的创始人们最初锁定了大学生这个市场，制造深受这个小市场的客户喜爱的产品，并垄断了这个市场，为他们后来的发展奠定了基石。

被称为电动汽车和无人驾驶的先驱的特斯拉，也并非从一开始就在做如今的全部业务。当初他们最先做的是传统汽车的改造，后来也仅仅售卖了几千辆高价的车型。创始人们只锁定那些"想要乘坐环保的电动汽车"的客户，以附带溢价的价格售卖初期车型。

后来，他们慢慢地降低价位，如今开始推出普通人也可以买得起的价位的车型。这也是一种扩大市场的战略。

亚马逊最初也是从书籍这一即使长期滞留仓库也没关系的商品开始的，当他们在书籍销售的市场获得了垄断地位，并逐渐积累了一些互联网业务和配送相关的知识之后，开始增加经营CD、生活用品、服饰等商品，不断扩大市场。

亚马逊将在这个过程中获得的服务器运行的知识，整合为Amazon web services（亚马逊网络服务）的新业务，同时为了提高仓库业务的效率，收购了制造机器人的创业公司。如今，亚马逊正在架构独立的配送网络和仓库，还增加了Amazon Prime等服务，用优惠的形式取代收取会员年费，决心为用户提供大部分的互联网服务。

即使有很大的野心，也要像这样循序渐进地开拓市场，不断垄断各个市场，这才是在确保高利润的同时快速增长的有效方式。

在这里需要注意的是必须逐阶段实现垄断。迈克尔·波特指出，大多数公司都有一个普遍的倾向，那就是分明有可能获得80%的市场份额，却在实现50%的市场份额时就心满意足。但是，如果不能从抢先垄断小市场开始取得成功，就会无法长期维持垄断地位。如果垄断不彻底，公司的地位就很可能被竞争对手所取代。

竞争你就输了

到目前为止，我介绍了垄断的重要性以及垄断的方式，也介绍了一些认为应该避免竞争的观点。

但是，人却具有竞争的欲望。这或许是因为在学校考试、入学竞争以及大公司内的职场竞争的影响下，对竞争本身毫不怀疑的价值观已经深入人心。也有可能是因为在明确的规则下，思考在既定的轨道上"如何快速而正确地奔跑"会更加轻松。

然而，在创业公司和商业的世界，评价体系和游戏规则的更换是家常便饭。创业公司正是要勇敢地挑战规则变幻莫测的世界。

我们经常会忘记一件事："找到不必竞争的独特定位，才是原本应该追求的方向。"迈克尔·波特也说过，竞争的本质并不是打倒竞争对手。

彼得·蒂尔看到这种情况后犀利地指出："竞争是为丧家犬而存在的。""竞争是一种意识形态。"

意识形态是一种隐藏的世界观，是一种偏颇的思维方式，同时也是一种成见。彼得·蒂尔认识到竞争本身是一种意识形态，这是大多数人都不相信的重要事实。他指出在创业公司以及部分其他领域，"丧家犬并不是那些在竞争中失败的人，参加竞争的人才是丧家犬"。

只是，过度回避竞争，选择过小的利基市场没有任何意义。在日本开一家莫桑比克餐厅或许确实不会有竞争，但是需求同样极为有限，市场也没有可能快速增长。创业公司首先应该垄断规模小但是有可能快速增长的市场。

不是先行者优势，而是"决战制胜"

在这里我想事先提醒一点，虽然要追求垄断，却不能过于争做先行者（First Mover）。

刚开始经营创业公司的人都容易血气方刚，想要尽早投身市场，去开辟还没有多少竞争对手的全新市场。"先行者优势（First Mover Advantage）"一词，似乎也一直都被奉为真理。

然而先行者未必一直都能获得利益，率先进入市场是方法而不是目的。

没有竞争对手虽然有利于垄断，但是在你打头阵开辟了市场之后，其他后发公司却常常会搭乘你所开辟的市场的便车（坐享其成）。现实也告诉我们，大幅增长的企业未必是先行者。

前文我提到过很多次的脸书是第10个出现的社交网络，而且，它最初的服务面向的是没有钱的大学生所在的利基市场。谷歌是第13个诞生的搜索引擎，在刚发布时，它不具备本该是标配的门户网站功能，而是从简单的检索功能开始做起的。

我绝对不是在否定寻找新市场和创造新价值本身。为世界创造新价值的功能非常重要。但是，公司想要长期生存下去，最重要的不是创造新价值，而是逐渐扩大创造出的价值并长期持续垄断它。

为此，不应该把获得先行者优势作为行动目标，更重要的是为了长期维持垄断而采取行动。彼得·蒂尔使用"后发优势（Last Mover Advantage）"一词来警告那些过度追求成为先行者的管理者。也就是说，应该瞄准时机进入市场，并且在市场中发展到最后，实现长期垄断。

价值的大小和比例是"独立"的

还有另外一个与此相关的反直觉的事实值得留意。**在这个世界上，"创造新价值"和"获得该价值的多少比例"是彼此独立的。**

有时，虽然某个人创造了很大的价值，却只能获得其中很小的比例。还有时，尽管产生的价值对于世界来说很小，却能够获得很大的比例，实现垄断。

例如，很多科学家通过自己的发明为世界创造新价值。但是，他们创造的新价值却未必能够获得充分的经济回报。

动力飞机的发明者莱特兄弟创造了新价值，但是在该发明之后，他们却没有成为大富豪。蒸汽机也是一个伟大的创新，但是有可能是因为竞争过于激烈，从事这个行业的公司大部分都不幸倒闭。

人们容易误会，觉得只要能够创造新价值就能够自动获得财富。但是，创造新价值与自己可以获得该价值的多少比例，二者之间没有必然联系。

正因如此，在创造出新价值之后才更应该思考如何获得该价值的大部分比例、如何实现垄断，否则就无法长期在商业上创造出财富。

独一无二的"价值"和独一无二的"方法"

为了垄断财富，需要创造对于顾客而言无可取代的"独一无二的价值"。

虽说如此，却并不意味着只要能创造独一无二的价值就能高枕无忧。大多数人都容易误会这一点。"独一无二的价值"要通过"独一无二的方法"创造，重要的是要同时满足

这两个条件。

二者原本就是维持竞争优势的大前提。但是人们却容易遗忘后者,即"独一无二的方法"。

例如,最近几年出现了使用机器人的外卖比萨。比萨是在配送途中用机器人烤制的,在送达时,客户便能享受到刚刚做好的商品,这就是他们为客户提供的服务。他们通过这样的业务,为客户提供"刚做好的比萨"这一独一无二的价值,并通过"使用机器人"这一独一无二的方法,将该价值变为现实。

今后他们即将面临两个课题,首先,当顾客面临两种选择——是在店里烤好后再送到家中的传统外卖比萨,还是用机器人在配送途中烤制的具有独一无二的价值的比萨——客户是否会把钱花在相对来说比较贵的后者?其次,使用机器人达到中长期降低成本的目的这一"创造独一无二的价值的方法",是否真的有效?

还有很多没有经过验证的条件,但是反过来说,只要能够满足这些条件,就能抢先一步获得具有独特性的优秀战略。

在"独一无二的价值"和"独一无二的方法"的意义上,跨国汇款创业公司 TransferWise 如今也备受关注。

在进行跨国汇款时，一般来说需要数千日元以上的跨国汇款手续费和汇款本身的手续费，有时收款银行也要收取手续费。但是，TransferWise的跨国汇款手续费只需汇款总金额的百分之几，也就是说金额只相当于过去的1/10左右。

他们通过与过去截然不同的方式实现了跨国汇款。这种方式具体来说实际上不是进行跨国汇款，而是让那些有汇款需求的人在各自的国家进行匹配。

申请汇款的人的匹配和信用担保的部分采用高级算法，让终端用户可以获取他们所期望的币种。由于是在国内进行，所以不需要跨国汇款手续费，实现了非常便宜的跨国汇款。

TransferWise通过匹配这种方式，大大降低了跨国汇款手续费，还通过高级算法这一"独一无二的方法"，打造出自己的优势。

在过去常常被视为创业公司选择的软件商务中，重视"独一无二的价值"并且在此基础上网罗优秀的人才，是竞争优势的主要来源。

但是，随着创业公司的选择比过去的领域越来越开阔，今后不仅仅是要认识到"独一无二的价值"，思考如何通过"独一无二的方法"创造该价值，也会变得更加重要。

决定"不做什么"

战略论的权威迈克尔·波特说过:"战略的本质是选择不做什么。"

这句话不仅适用于创业公司,还适用于所有公司,但它是资源较少的创业公司尤其要了解的事实。

想要获得竞争优势,在战略上需要分清轻重缓急,知道"自己应该做什么,不应该做什么"。为了做到这一点,可以使用 W. 钱·金(W. Chan kim)和勒妮·莫博涅所著的《蓝海战略》(Blue Ocean Strategy)中提倡的"战略布局图",或者弗朗西丝·弗雷所著的《哈佛商学院教给我们的顾客服务战略》中提倡的"属性地图"等工具,先从将"轻重缓急"可视化开始。

例如,商业银行公司(Commerce Bancorp)所经营的业务类型仅限于现场存款,而且将利率设定为当地的最低水平。

他们像这样降低一部分服务水平,却相应地延长营业时间,为客户提供便利,同时安排待客态度友好的工作人员,致力于提供传统银行所不能实现的服务。凭借这些举措,商业银行公司垄断了那些对传统银行服务不满意的客户。

此外,也可以通过张弛有度的服务水平追求"独一无二的方法"。

例如，传统型的银行会产生各种各样的业务，因此，需要流畅地处理琐碎的业务。但是，由于商业银行公司只经营有限的商品，所以可以游刃有余地处理业务。在人才招聘方面也是如此，传统型银行所需要的是"具有可以处理复杂业务的能力以及相应的待客态度"的高薪人才，Commerce Bancorp所重视的却只有良好的待客态度，以此降低了人工成本。

日本也有类似于单剪专门店（QB HOUSE）的专门的理发店，通过限制水的使用和商品数量实现了更廉价、更快捷的剪发服务，并通过独一无二的市场定位不断垄断顾客。他们在东南亚等地区也开始推广这种业务。

战略需要分清轻重缓急。对于创业公司而言，找到迄今为止竞争对手所没有找到的新的中心轴，并在那里进行特殊的资源配置，是一种可行的战略。

	传统银行	商业银行公司
客户群体	所有人	对传统银行的服务不满意的人
营业时间	周一到周五 10:00–16:00	周一到周六 7:30–20:00
职员	业务处理能力很高,但沟通能力一般	态度良好,但业务处理能力一般或一般以下
存款利率	普通	地区最低水平
经营业务	尽可能多	仅限现场存款一项业务

图9　商业银行公司"做什么?不做什么?"

	传统理发店	单剪专门店
客户群体	所有人	想快速剪头发的人
理发需要时间	1小时左右	10分钟
位置	分布在位置不便的地方	车站附近或者商业街等位置便利的地方
商品价格	普通	只需1000日元
用水	洗发、剃须	无(仅吸附清理)

图10　单剪专门店"做什么?不做什么?"

从分清轻重缓急的思维方式中还可以得出一个教训，那就是不能模仿其他公司。

在下一节我会详细介绍，通过模仿来战胜模仿的对象是战略上最容易犯的错误，有可能走入"追求最好的竞争"的误区。

不追求"最好"

迈克尔·波特指出，制定本公司的战略时最容易犯的错误就是"争相追求最好"。如果用与其他公司相同的方式，创造与其他公司相同的价值，就必须追求做到最好，如此一来就会陷入价格竞争和过度竞争的误区。

当然，通过卓越的执行方案获得优势极为重要，没有优秀的执行方案的战略只是纸上谈兵。但是，最优执行方案总有一天会被模仿。尤其是单一的最优执行方案，轻易就会被别人模仿。

以第一为目标的竞争，会逐渐陷入价格竞争或长时间劳动，利润会逐渐缩水。如果模仿这种模式，到头来就会成为让员工过劳的黑心公司。这种悲剧是管理人员所造成的，他们误以为只要最大限度地投入廉价劳动力，就能在竞争中获胜，并认为这是自己的特殊战略。

一部分创业公司，尤其是不使用科技的创业公司，更容易陷入这种追求第一的竞争之中。没有优秀规划的战略大多都会失败。

例如，如果餐厅想要提供"便宜、快捷、美味"的价值，就不应该采取尽量聘用廉价员工、肆意使唤他们、催促他们快速做事的营业模式，而是必须通过独特的方法来实现"便宜、快捷、美味"。

正如我在前文提到的那样，资源越少的创业公司，越应该深刻地认识到，不应该卷入追求第一的竞争中，而是要避免竞争，获得垄断。

战略诞生于"实践"

我在上文介绍了有规划性的、理想的战略。

但遗憾的是，事业从不会按照计划和理想顺利推进。尤其是创业公司的战略，反而是在实践中诞生的。

例如宜家的"自己运输家具的零件，自己组装"这一独特的商业模式的灵感，据说就来自于宜家还在创业公司的初期阶段，员工为了帮客户将桌子装车带回家，把桌子的腿拆卸了下来。

这个灵感是在宜家创业好几年之后才获得的，但是他们以此为契机制定了独特的战略："只要将家具拆分，维持扁平式封装的状态直接销售，就可供客户自己运输。"这种销售方法节省了店铺空间，并大幅削减了物流成本，他们的战略变得更加先进，更加独一无二，更加难以被模仿。

爱彼迎之所以从当初的"房间的闲置空间租赁"向"住宅整体的民宿业务"转型，也是由于当时的初期房主用户——名为罗斯·麦金农的鼓手在自己的房子不得不长期空置时，向爱彼迎工作人员咨询："我不在家时，也能出借我的房屋吗？"

除此以外，还有在MBA的课程中会讲到的本田进入美国市场的案例，或许也可以被称为突发性战略。

1959年，本田的大型摩托车进入美国市场，却惨遭失败。在此期间，本田的员工在一个晴朗的周末，骑着只有50cc的电动自行车去超市时，听到偶遇的人说："好想要这种小型摩托车。"以此为契机，本田成功收获了意想不到的客户群体。结果1959年英国摩托车的进口占49%的市场份额，可到了7年后的1966年，仅本田就达到了63%的市场占有率。

如上所述，创业公司的战略常常是在与客户的交流中诞

生的。尤其是那些常常把目光放在环境剧烈变动、不确定性极强的行业里的创业公司，就更具有这样的倾向。

但这并不意味着可以没有战略。没有理想就无法与现实磨合，知道如何制订理想的计划也非常重要。在画出理想的蓝图之后，需要在现实中不断验证，切实制定有效的战略，这个过程必不可少。

为此，需要尽早在市场上推出可以接触顾客的产品，与顾客在实际上进行交流，逐步制定战略，这对于创业公司而言尤其有效。

下一章我会介绍产品的制造方式。

本章总结

- 创业公司首先应该追求"垄断"。
- 想要垄断，需要从"小市场"开始"迅速"垄断，并建立可以"长期"维持该状态的机制。
- 在竞争中失败不是失败，"竞争本身"才是失败。因此，需要有意识地从竞争中脱身。
- 战略指的是决定"不做什么"。绝对不应该"追求在竞争中获得第一"。

- 想要从竞争中脱身,需要创造"独一无二的价值"。为了维持该价值,需要思考如何通过有别于其他公司的"独一无二的方法",创造"独一无二的价值"。
- 战略往往是从实践中诞生的。未必一切都要按计划进行。为了尽早制定战略,也请你尽快将产品推向市场吧!

专栏　在大公司建立创意保护制度的重要性

在"创意"的部分，我介绍了一个具有反直觉性的事实："快速增长的优秀创意最初看上去很糟糕"。在"战略"的部分则介绍了另一个反直觉的条件："垄断小市场"。

如果这些条件都正确的话，对于想要开辟快速增长的新业务的大公司而言，就需要作出非常困难的判断。

因为在大公司想要做什么事时，一般都需要走审批程序，与审批程序相关的人越多，看似糟糕的创意和瞄准小市场的战略就越有可能得不到批准。

亚当·格兰特（Adam Grant）所著的《离经叛道：不按常理出牌的人如何改变世界》（*Originals：How Non-Conformists Move the World*）一书指出："原创的创意实际上很多。"

如此一来，最根本的问题就并非公司内部没有原创的创意，而是没有保护这种创意的机制。员工缺少创造力，并不是找一名讲师组织创意培训等行为就能解决问题，如果没有可以执行从中诞生的创意的制度，这样做毫无意义。

越是乍一看似乎糟糕的创意，在大公司的实践就越困难，因此需要具备保护创意的视点。正因如此，才最需要管理层和老板理解"快速增长的创意最初都难以理解"的事实。

即使是制作过《玩具总动员》和《海底总动员》等许多优秀电影的皮克斯,最初拿出来的创意也很无聊,如果不坚持,这些创意立刻就会消失,但是,作品却从那里开始成形。艾德·卡特姆和埃米·华莱士所著的《创新公司:皮克斯的启示》(Creativity Inc)一书曾提到,初期的创意在皮克斯被称作"丑陋的婴儿"。

埃里克·施密特、乔纳森·罗森伯格和艾伦·伊格尔所著的《重新定义公司:谷歌是如何运营的》(How Google Works)一书中也提到:"下一个伟大的发明最初看起来都像玩具。""新技术作为解决个别具体问题的方式,大多是从相当原始的状态诞生的。"

当然,他们现在追求的创意也许无法实现快速增长,但是如果能日复一日地改良,或许就不需要出人意料的创意。不过,最重要的还是审批方要认识到,快速增长的创意初期与供人日复一日改良的创意也许具有不同的形态。

大公司还有另一种试图保护快速增长的创意的方式,那就是尽量取消审批程序。

例如谷歌的"20%时间制"非常有名。这个制度就是在上班时间中可以有20%的时间随心所欲地活动。谷歌邮箱就是一个在该制度下诞生的产品案例。

软件创业 Adobe 正在推行名为"Kickbox"的项目。志愿参与这个项目的人最初可以获得培训机会和 1000 美元的资金。他们可以自主决定如何使用这笔资金，而且没有任何汇报的义务。任何人都能参加，不需要上司的许可。他们不需要任何审批就能开始反复进行各种各样的摸索和尝试。

当然，适用这样的方案的企业，或许只有 IT 等原始成本较低的领域。然而，只要能够获得周围的协助，很多方案都能出人意料地将成本压缩到极低水平，这也是事实。

如此一来，取消最初的审批程序本身，只要在达到某种程度的阶段时再决定是否为后续的资金需求继续提供投资，在某种意义上也是一种合理的判断。

回顾过去，大公司的一部分创新型业务，据说都诞生于被称为"臭鼬工厂"的自主研发活动和被称为地下研究的非正式研究。在日本众所周知的这类地下研究有 VHS 家用录像系统和液晶电视等。

虽然这一类的地下研究可能被禁止，但是将这种机制视为某种教育或投资并确立为公司制度，或许也是一种经营方法。

进一步而言，为了确立可以快速增长的业务，大公司也需要重新审视他们的评估体系。

新业务大部分都会失败。在"是否达成预想的业绩"的意义上,有超过九成的业务都可谓是失败的。

但是,大公司的评估体系容易对这种失败采取过于严苛的态度。

比任何人都更加顺利地完成既定的工作,是过去的社会所要求具备的能力,认为失败只是一个减分项的思维方式当然也有道理。

但既定的工作即模式化的工作今后将逐渐被机器所取代。人类的工作则是要创造迄今为止没有任何人挑战过的新事物。在这样的情况下,挑战和失败需要站在一种全新的角度来评判。

尽管提出"乍一看糟糕实际上优秀的创意"的提案比较简单,但是想要实现它却需要公司内部各种各样的体制来配合。而且,价值终究是从执行中产生的,少了执行就无法创造新价值。即使公司没有这个意图,但是只要形成了执行困难的体制,想要在大公司进行创业公司性质的新业务就会举步维艰。

然而反过来说,只要像大公司那样拥有丰富资源和优秀人才的组织,能够建立可以执行创业公司式的创意的体制,就极有可能从中诞生更大的创新。

第三章

产品

比起多数人的"喜欢",
更要追求少数人的"爱"

大多数创业公司都会失败。

如果将从风投方获得资助的创业公司未达到当初预计的投资 ROI（投资回报率）定义为失败，那么有超过七成的创业公司都可视为失败。如果要更进一步谈论的话，在公司的新产品中有四成到九成没有达到目标，也可以说是以失败告终。而且，越是创新型的新产品，失败率就越高。

很多创业公司的失败原因都是资金困难。但是资金困难归根结底只是症状而不是原因。**公司之所以会破产，是因为在资金用完之前没能制造出顾客想要的产品。**

但是反过来说，只要能制造出顾客想要的产品，就能克服大多数困难。只要有优秀的产品，人才招聘、融资、宣传营销等一切事项都可以更简单。所以，首先要做的就是优先制造优秀的产品。

有几个方针和诀窍能够帮助你将上文提到的不合理的创意和战略落实到产品中,本章想要介绍一下这些方针和诀窍。

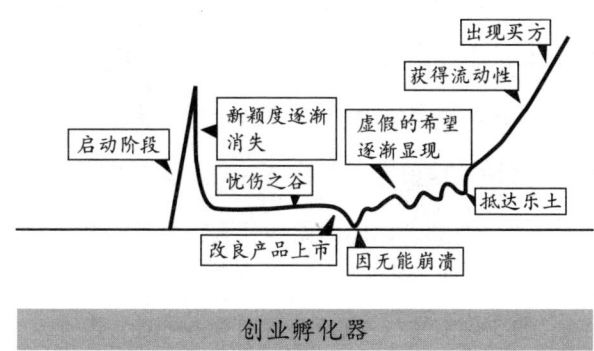

图11　创业公司要经过的阶段

产品要经过的阶段

上市后的产品所要经过的阶段基本相同。

耗费漫长时间研发的产品,经过媒体宣传,从试用的朋友那里获得强烈好评,再经过名人在推特上提及等等,可以一口气提升士气。那是管理者们最为兴高采烈、创业最为情绪激昂的瞬间。

但是,产品的势头基本上会从那时骤然失速,接下来会

103

有漫长的时间停留在"悲伤之谷"。

这是理所当然的,因为每天都有新产品上市,每个新产品上市都会成为新闻。在某个产品成为新闻的下一天,就又有其他产品受到热议。新产品层出不穷,自己的产品逐渐被埋没。试想一下,你还能记得前天上市的产品吗?

被埋没之后还能再次获得热度是极为幸运的。但是大多数产品都持续停留在"悲伤之谷",就此失败。为了不让自己的产品失败,你能够做些什么?这就是接下来我要讲的内容。

制造"人们想要的产品"

对于创业公司而言最重要的是"制造人们想要的产品"(Make Something Want)。"Make Something People Want"是创业孵化器的长期标语。

你或许会觉得,制造人们想要的产品不是理所当然的吗?但是,创业公司的创始人们却容易忘记"制造人们想要的产品"这件理所当然到必须要作为标语的事。他们容易制造"自己想制造的产品"和"自己认定别人一定会想购买的产品",在白白地虚度光阴之后陷入资金危机。

保罗·格雷厄姆认为,创业公司想要迅速发展,需要满足以下两个条件:

- 制造众多人想要的产品
- 该产品可以推广给所有人

餐厅和美容院之类的店铺型事业很难满足第二个条件,因此很难有快速增长的可能,所以这种商业类型不太适合创业公司。

另一方面,软件商务的边际成本无限接近于零,可以推广给许许多多的人,因此容易满足第二个条件。但是"制造众多人想要的产品"的条件却非常难以满足。

某项针对超过 100 家创业公司的失败原因进行分析的调查结果显示,最多的失败的原因在于"市场没有需求"。

另外,根据斯坦福大学的调查,未对需求进行确认就试图扩大规模的"成熟前的规模扩张(pre-mature scaling)"行为,会将创业公司导向破产。很多创业公司都没有把握住需求,最终走向失败。

当然,制药型的创业公司另当别论。因为已经有对延年益寿、改善症状的产品有需求的潜在顾客,课题和需求已经很明确了。这种创业公司的最大风险在于"这种药物在技术上是否可以实现""顾客可以接受的价格是多少"。

除去这种例外，大多数创业公司面临的最大风险，必然是"现在的市场是否有需求"。

尤其是创业公司，它们瞄准的市场是"今后或许会扩张"的市场。那个市场是否真的有需求还有很大的不确定性，最好提前作好心理准备。

正因为如此，才应该首先"制造人们想要的产品"。制造产品时需要时刻牢记这一点。

"产品以外"也是产品

在话题进一步深入之前，我想先探讨一下"产品"和"product"这两个词。一般情况下，我们提到产品和product时，最先浮现在脑海中的容易是某种具体的物品或服务。

但是，创业公司却需要在广义上把握这个概念。创业孵化器的萨姆·阿尔特曼曾经说过，创业公司"应该将连接该公司和顾客的所有部分都理解为产品"，包括销售、客户服务、文案营销等。也就是说应该站在更广义的角度理解产品。

为了阐明这一点，在接下来的篇幅里，我暂且将"产品"

这个词仅限于创业公司实际提供的产品，将"产品体验"这个词用于不限于此的更为广义的情况。

只要用更广义的概念来把握产品体验，那些不必用产品本身来覆盖的部分的设计就成为可能。换句话来说，就是即使有些服务无法通过产品来实现，也可以通过周边的售后支持、文案营销和市场营销等方式来覆盖，以此改善提供给顾客的产品体验。

只要有这样的观念，便可以阐明那些可以从产品本身剥离的部分，从而将产品做得更为简洁。

再进一步来说，产品本身所具有的品质和体验即使比不上大公司的产品，却可以通过周边的营销和售后支持等因素，实现品质超越大公司的产品，并且战胜它们。

产品体验是"假说的集合"

创业公司到处都是风险。甚至有观点认为创业公司就是一种顾客、商业模式和产品都很混乱的公司形态。

规划好的商业模式能否顺利发挥功能，必须经过现实顾客的检验才能明白。打造一种产品功能时，也要对顾客的问题和自己提供的解决方案是否匹配、适用，该解决方案的产品是否便于使用、是否适应市场并贴合顾客需求等进行多方面的检验,以降低风险。

因此,我建议从一开始就将应该打造的产品体验的要素都视为"假说"。不是片面地断定顾客想要的产品是什么,而是先假定顾客想要这种产品,如此一来就会产生"假说应该被检验"的思维,更容易看到产品体验的风险。

创业公司必须不断快速检验假说,从现实的世界和顾客身上学习,并通过检验和学习逐渐排除产品体验和商业模式的风险。研发 Mosaic 浏览器的马克·安德森看到创业公司逐一排除风险的情形之后,用剥洋葱皮来比喻这种工作,并且提出了"风险的洋葱理论"。

此处最重要的是如何快速排除风险。因为**对于创业公司而言,最宝贵的资源就是时间**。

创业公司的每次融资都需要约 1.5 年的时间,而这些资金仅够让他们存活下来。1.5 年大约是 78 周,如果一周只能检验一个假说,那么总计就只能检验 78 个假说。在这短暂的期间内,需要一边制造产品,一边寻找有效的商业模式,获得足够的顾客,抵达下一个里程碑。如何利用"时间"这一宝贵的资源来降低风险,是创业公司应该时刻思考的问题。

从 2005 年开始,最大限度地抑制无用因素、快速修正轨道并优化产品的精益公司以及客户开发等方法，作为解决这个问题的方法论受到提倡。本书不会详细展开，但是在产品开发方面，这些方法论非常值得参考。它们的共通之处在于都认识到创业公司是伴随着风险的，创业公司必须不断验证产品和商业上的假说。

"今天打算怎么扼杀项目？"

如果将产品体验视为"假说的集合"，那么应该从哪个假说开始检验？**答案是从最大的风险开始检验。**

从阿波罗计划的登陆月球中派生出的"Moonshot"一词，指的是那些宏伟且具有挑战性的项目，Alphabet（谷歌前身）旗下的X实验室以"Moonshot"的名义，同时进行着好几个颇具挑战性的项目。

X实验室孵化的最有名的项目是无人驾驶，此外还有许多登月项目，包括利用热气球使全世界的每个角落都能连接网络的"热气球网络计划"（Project Loon）、机器人、智能眼镜以及一些尚未公开的项目。

X实验室的负责人阿斯特罗·泰勒表示，他们的员工之间有一个暗号："今天打算怎么扼杀项目？"这句话意味着

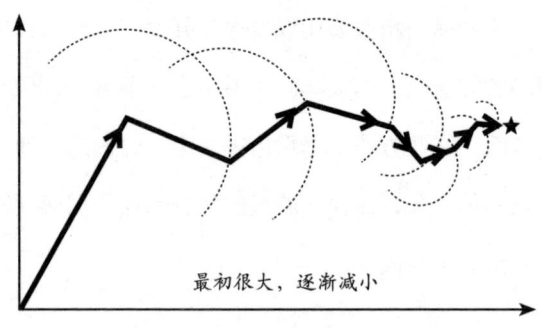

图 12　有效的检验风险的流程

要从风险最高的假说开始检验。

人们为了不让项目失败,倾向于从风险较小的地方开始检验。但是如果注定要失败,那么不妨早一些失败(即扼杀),也好尽早进入下一个创意,以求缩短时间。

另外,如果创造某件事物耗时过长,就会产生类似于"宜家效应"的留恋情感,对这件事投注的精力越多,就越容易恋恋不舍,难以将产品扼杀。

最先检验较大的风险和假说,再逐渐对较小的风险进行检验,还可以有效地推动检验的进度。

但是如何判断哪个风险最大,却无比困难。**假说的检验行为本身,在某种程度上可以科学地进行,但是假说的设立和课题的发现,在某种意义上却属于艺术。**建立符合逻辑的假说和发现风险因素，可以说是展现管理者和产品负责人的能力的地方。

然而正如我多次提到过的那样，产品最大的风险是"顾客是否有需求"。如果你不知道该怎么做，那么就请从此处着手。

顾客本身也"不知道"

或许有人会认为，如果不知道顾客是否有需求，那么是不是可以通过周密的市场调查、倾听顾客的心声来制造产品？

但是，这样的思考却面临一个难以解决的问题——顾客本身经常也不知道自己真正需要什么。

在谈论这个话题时经常会提到的就是福特的案例。

在汽车发明之前，即使你问顾客想要什么样的汽车，他们当然只会回答"想要速度更快的马"，而不会说"想要汽车"。同样，在iPhone出现之前，应该也不会有用户会说"想要那样的智能手机"。

理解顾客的需求之所以困难就是这个缘故。你询问顾客，顾客便会告诉你他想要的东西。但是这种发言是否真的能反映顾客的需求，以及顾客是否真的理解自身的需求，并不是一目了然的。

也许是考虑到这个层面，苹果的创始人之一史蒂夫·乔布斯直截了当地说："了解自己想要什么，并不是顾客的工作。"

此外，如果在推进产品开发时照搬顾客的意见，就会失去产品的方向，制造出东拼西凑的产品。搞不好还会制造出万能刀那样的产品，即使有足够多的功能，但是对用户来说却很难用，几乎没有人需要。

因此，在设计产品体验时，虽然要倾听顾客的声音，却不能直接按照顾客的期待制造产品，需要去把握隐藏在他们的声音之下的真正的需求。

这件事并不简单。

大多数的顾客并不真正地了解自己，想要直接了解潜藏在他们的语言背后的真正的需求非常困难，所以，新产品的开发也很艰难。

放弃多数人的喜欢，追求"少数人的爱"

因此在创业公司初期，应该制造的不是被多数人普遍喜欢的产品，而是被少数顾客深爱的产品。这也是一个初创创业公司的反直觉的事实。

人们一般会认为应该制造大多数人想要的产品,实际上,保罗·格雷厄姆也曾说过,创业公司"应该制造很多人想要的产品",正如我在本章的开头介绍过的那样。

但是,保罗·格雷厄姆本人还说过,在创业公司的最早期,比起制造被多数人喜欢的产品,不如制造被少数顾客爱的产品。这是保罗·格雷厄姆在目睹了许多创业公司的成败之后,推导出的具有反直觉性的创业公司的法则之一。

我们已经明白,在创业公司的最早期,比起被大多数人普普通通地喜欢,那些被少数人深深喜爱的产品,更有可能在后来实现大幅增长。因为在当前阶段,意识到这种需求的人还只是很少一部分。"放弃多数人的喜欢,追求少数人的爱"的法则,可以说与彼得·蒂尔的"最初瞄准小市场"的战略也是一致的。

脸书正是一个这样的例子。脸书最初并没有追求成为世界性的社交网络,它诞生初期的定位是面向大学生的服务,因此,当初它推出了可以查看各大学的课程列表的服务。正因如此,它才深受大学生群体的欢迎,很多年轻人都成为它的长期用户。Paypal 起步时,也将目标重点锁定为拍卖网站易贝(eBay)的高级用户。由于它瞄准的是那些需要付款好几次的高级用户，所以付款更为便捷的 Paypal 的服务受到了热烈的欢迎，Paypal 得以垄断这一部分的用户。

深受用户喜爱能够带来的好处还有很多。产品只要能够获得喜爱，不仅能让顾客长时间使用，还能够从他们那里获取到对产品体验的反馈。而那些对你们的产品一般喜欢的人，别说给你反馈了，他们只会悄无声息地离开你们的产品。

在初期的产品制造中，没有什么比顾客的反馈更有价值。为了获得顾客反馈，也请你首先在小市场打造深受顾客欢迎的产品体验。在有 10 人、100 人的少数用户喜欢上你的产品之后，再考虑如何推广也绝对不迟。在没有这样的用户的情况下推广，反而容易陷入前文所述的"成熟前的规模扩张"的误区，创业公司将会惨败。

暂时先"推出"

为了制造受少数人喜爱的产品，最重要的是先将简单的产品推出（上市）。

公司最开始只要以少数顾客为目标，没有必要制造讨好所有人的产品。而且，如果顾客较少，即使产品功能有缺陷，也能周到地提供售后支持。

因此，产品在初期重要的是尽量简单地提供受顾客喜爱的主要功能。在精益公司的语境中，它被称为"最简化可实行产品"（Minimum Viable Product），简称"MVP"，它的意思是无论如何应先推出可实行的最简产品，让顾客使用，这是创业公司的成功秘诀。

我们来看一下成功从创业孵化器毕业的 DoorDash 的例子。他们起步于接到现成的餐厅的食物预定之后帮助配送的中介服务。

在执行"配送现成的餐厅的商品"这个创意时，普通人会如何思考？或许很多人都会想，要先成立公司，与餐厅签约，在建立配送系统之后再雇用配送人员。但是他们选择的方式却截然不同。

他们独立注册了一个 PaloAltoDelivery.com 的域名，并收集在网上找到的斯坦福大学附近的餐厅菜单，制作成一个网站，他们将自己的电话号码与这份菜单放在一起。这个过程只花了一个小时左右。

他们通过这个网站，在正式迈入产品制造之前，尝试确认什么群体会联络他们以及订单的数目会有多少。在网站推出的第一天，实际上就出现了从某个地方检索到他们并打来电话预订泰式炒粉的人。

他们自己也很惊讶，但还是接下了这份订单。他们去泰国餐厅订了泰式炒粉，自己送到顾客的家中。第二天又来了两个订单，接下来是五个、七个……订单不断增加。DoorDash就这样通过短短几个小时的开发时间和几天的验证，确认了订单中介的需求。

刊登最新产品的信息网站Product Hunt最初是以邮件杂志的形式推出的。创始人们首先让顾客订阅邮件杂志，然后建立了网站。在充分了解到顾客的需求之后，他们才开始做建立网站和系统等耗时相对较长的工作。

在公司运营之后才开始制造产品的方法，也是一个与这种做法相似的案例。

当初，微软的比尔·盖茨也是先开始做硬件运营，在确认顾客的需求之后才开始编写程序的。

之所以能做到这件事，其实是因为他本身就是一个能够迅速编程的程序员。"销售还没有完成的产品"，不是一个能推荐所有人去尝试的方法。但是一旦真的能成功，就能避免"制造没有人会买的产品"，避免浪费时间。

面向商业客户的社交网络领英（LinkedIn）的创始人雷德·霍夫曼这样说："最初的版本如果不令你感到羞耻，就证明上市太迟了。"

技术人员为了提高完成度和品质，容易在产品研发上花费大量时间。但是，产品研发与学校的考试不同，没有必要一次考试就考到 100 分。逐渐提高分数的方法也是可行的。

在尽快上市的意义上，改良现有产品也是一种方法。可以从按照客户要求订制已上市的竞争对手的产品的尝试开始。这样做可以节约对于创业公司而言最宝贵的资源——时间。

"小规模生产"

为了进行这种快速的检验，所有的创业公司基本上都需要从"小规模生产"起步。

创业公司的目标应该是快速增长，推崇"小规模生产"或许看起来是反直觉的，但是从创业公司起步并壮大的公司却都表示，初期的"小规模生产"的实践会成为后期快速增长的基石。

前文提到的 DoorDash 创立不久时的订单受理和配送都是由创始人们亲力亲为。他们由此熟悉了各种各样的业务，在扩大规模时就很清楚应该建立什么样的系统、招聘什么样的员工。

面向研发人员的支付服务商 Stripe，面对那些提出"我可以帮忙测试 beta 版（测试版）"的用户，不仅仅只会道谢，还会说："请把电脑借给我。"然后立刻将 Stripe 的程序安装好交给他们。他们就是从这种小规模和周到的远程支持起步的，在了解"用户在哪个地方遇到障碍"的过程中，逐渐获得狂热的用户。

做硬件设计的美瑞凯网络有限公司（Meraki）当初不仅是做设计，连路由器都亲自安装。智能手表公司 Pebble 最初的几百块智能手表，也没有委托给工厂加工，而是创始人们自己手工组装的。在这个过程中，他们领悟到了"采购优秀螺丝的价值"，对于后来的批量生产很有帮助。

就像这样，通过刻意"小规模生产"，创业者们可以成为自己公司一切业务的专家。成为专家，就可以在实际开始扩大规模时，设身处地地明白应当注意什么，同时也能知道应该招聘拥有什么技能的人才。

此外，通过"小规模生产"还可以提供令人惊叹的服务。例如提供问卷表的 Wufoo 有很长时间都为顾客寄送手写信，此举为他们赢得了很多粉丝。

大公司的 CEO 基本不会亲笔写信，但是创业公司却可以做到这一点。而且，这些"小规模生产"最终都为初期的创业公司提供了必不可少的"少数顾客深深的爱"。

但是,必须追求"增长率"

然而,一直维持小规模生产却也是一个问题。创业公司必须要在短时间内快速增长,因此,虽然有些矛盾,却必须在小规模生产的同时追求规模扩张。具体而言,就是必须时刻解决扩大规模的障碍,即瓶颈,并追求增长率。

虽然写得很简单,但这件事至关重要。阻碍创业公司增长的障碍取决于当时的情况和商业类型。比如有招聘、产品、技术负债等各种各样的原因。

创业孵化器将一周的增长率设定为 5%~7%,将最理想的增长率设定为 10%。如果一周的增长率只有 1%,那么证明有什么地方出现了错误。

我说过,创业公司是以快速增长为目标的。这种一周几个百分点的增长率,会如复利一般不断生效,成为事业快速增长的基础,正如我在第一章所提到的指数函数性的变化那般。

我们来看一下实际的数字。例如,将追求的指标设定为用户人数,一周的增长率设定为 7%。

假如目前有 100 个用户,下周的目标值就是 107 人,再下一周是 114 人,再往下一周是 122 人,此时还在预想的范围之内。

但是，如果持续一年即 52 周将会如何？目标值将会超过第一周数值的 1000 倍。如果当初的用户数是 100 人，一年后将会拥有超过 10 万个用户。也就是说，以增长率为轴，创业公司的增长曲线呈指数函数性变化。

而且，以增长率为轴，将会成为指示产品和创业方向的指南针。也就是说，在判断应该做什么活动时，只要将增长率作为判断轴即可。

例如是否应该给产品增加功能？应该聘用谁？是应该致力于经营还是市场营销？是否应该继续小规模生产？从许许多多的选项之中判断哪种活动更好时，先问自己"通过做这件事是否能够达到自己设定的增长率"，就能自动得出答案。

不断追求增长率，常常可以发现新的产品体验的创意和商业模式。这是因为，如果一直维持糟糕的创意和商业模式，起码无法实现每周的增长率。

追求增长率还有其他好处，比如可以帮助解决很多问题。创业孵化器的萨姆·阿尔特曼说过："增长可以解决所有问题。增长乏力也只有通过增长来解决。"

但是，必须要在制造出深受顾客喜爱的产品之后再去追求增长。

如果在制造出受欢迎的产品之前通过广告、营销、公关来维持增长,就会陷入前文提到的"成熟前的规模扩张"的状态,会给创业公司带来致命的打击。

打造受顾客喜爱的产品体验比想象中更加耗时。就连爱彼迎也是如此,从发现受用户喜爱的产品体验到实现增长,自爱彼迎创业时算起,也花了大约1000天时间。

因此,尽量长期维持"小规模生产"非常重要。通过维持小规模生产,与顾客直接对话,可以获得新的创意。通过继续维持小规模生产,可以不断维持狂热的原始客户。反之,在放弃"小规模生产"的瞬间,就会输给那些坚持小规模生产的竞争对手的企业。

此外,在产品完成之前,可以将产品的研发速度等设定为增长的指标。

用"保持率和流失率"检验顾客的爱

初期阶段的产品最重要的是顾客保持率和流失率。保持率一般是指继续使用产品的顾客的比例,流失率是指顾客流失的比例。二者共通的角度在于"如何才能让顾客继续使用产品"。

把目光放在保持率和流失率上有如下几个理由:

第一，保持率如果不够，即使获得了新的用户，也没有多少意义。如果一周后的保持率只有50%，而新获得的用户数为零，失去100个客户只需要8周的时间。无论获得多少新用户，只要他们不继续使用下去，数字就不会增加。

第二，比起获得新顾客，让顾客继续使用的成本更低。调查结果显示，获得新顾客的成本比维持顾客的成本要高5~25倍。另外，向初期顾客投放广告虽然很轻松，但是如果一直使用相同的渠道，这个渠道就会逐渐损耗，新顾客的广告投放效率也会变低。

还有第三点，如果这种产品令在初期阶段就有使用热情的顾客选择离去，说明它很难吸引到新顾客。因此，越是初期就越应该关注保持率。

从这些观点考量也必须重视保持率，关注有多少人会继续使用。在增加新功能时，首先关注保持率也很有意义。为了随时都能够做同期群分析，用来确认留存率和行为推移，可以引进分析工具（例如谷歌分析"Google Analytics"）。

如果是类似于软件即服务（SaaS）[1]这类面向公司的产

---

[1] 通过网络提供软件服务，用户可以在需要时获取相应的软件。

品，则一般会计算流失率。

用"口碑"检验顾客的爱

萨姆·阿尔特曼认为，自然形成的口碑是另一个检验是否受顾客喜爱的优良指标。

无论是并非面向消费者而是面向公司的产品，还是硬技术型的产品，只要是受人喜爱的产品，自然会形成口碑。

因为，一个公司的人事和客户服务不是孤立的，人事负责人和客户服务负责人之间存在着跨公司的联系。尤其是在美国，公司之间的跳槽十分频繁，从上一个职务的人脉关系中，也会产生各种各样的口碑。

口碑是可以长期维持的，同时也是最低成本的市场营销手段。只要制造有口碑的产品，总有一天会迎来爆点。

但是我要提醒一点，口碑归根结底是结果。

只有该产品受到顾客喜爱时，才会自发形成口碑。虽然说它是一种低成本的市场营销手段，但即使你从一开始就想通过口碑获得顾客，可是如果保持率等条件不充分，顾客数量也会立刻下滑。

不追求口碑，而是通过优秀的产品提供惊喜的体验，只要能够做到这一点，保持率自然而然会提高，也会获得良好的口碑。当然，这种惊喜也可以不通过产品而是通过服务和营销来实现。在这个意义上，尽量长期维持"小规模生产"对于产品整体而言也更容易奏效。

尽早开启"神奇时刻"

想要提高保持率，最重要的是尽早开启"神奇时刻"，为顾客提供你的产品所能带来的最有价值的体验。

例如，如果是应用程序，在启动后最初的 60 秒左右带给用户魔法一般的体验，就是提高保持率的最有效的手段。

为此，首先要明白"自己在做的产品的神奇时刻究竟是何时"，即把握产品的独特价值提案以及顾客的需求是什么。

比如对于脸书而言，什么时候可以看到好朋友的最新动态，这个时间就是一个神奇时刻。这时最重要的应该就是思考如何才能让用户在注册脸书之后立刻可以与好友联络，如何可以让他们查看好友动态的步骤更快、更便捷。

尤其是让用户初次使用并留住他们的过程，可以称为"用户引导"（user onboarding）。关于应用程序，网上也有一些用户引导方法的合集，可以参考具体的案例思考神奇时刻的呈现方法。

不仅仅是应用程序，时常思考自己想出来的产品的最大价值在哪里，如何能够尽快让顾客体验到，这些非常重要。但是值得提醒的一点是，如果只是"最初的体验极佳"，未必能让客户继续使用。

为了让客户继续使用，这个意义上的神奇时刻或许还在他处。最初的体验当然很重要，但是请不要认为那就是一切。

Wufoo 的创始人凯文·海尔这样比喻："获得新客户是约会，持续使用是结婚。"这句话的意思就是，首先让客户爱上自己虽然很重要，但是想要让他们能够继续使用，即想要顺利维持婚姻生活，则需要思考如何让他们继续爱自己的产品。最初的体验和使人坚持下去的体验，二者都很重要。

追踪"指标"

硅谷有一句格言："制造可以用数字度量的产品。"德鲁克也曾说过："你如果无法度量它，就无法管理它。"正如这些话所言，如果没有作为指针的数字，就无法明白自己前进的方向是否正确。

因此，需要设定可以衡量每一天的进步的指标，并不断跟踪监测它。

指标是团队的日常判断和行为的基准。因为只要下达一个指标，所有工作人员便都会为了达成它而绞尽脑汁，努力奋斗。反之，如果设定了错误的指标，公司的前进方向也会出错。

例如将页面浏览量（PV）设为最重要的指标，从那一瞬间开始，相关人员就会思考各种提高页面浏览量的方案。他们的方案或许是制作充实的内容，或许是通过将一篇报道分几页向用户显示来提高页面浏览量，还有可能会走邪门歪道，比如故意用复杂的页面结构迷惑访问者，以此提高页面浏览量。无论如何，通过设定指标，可以让员工遵循这个指标行动。

指标往往会带有副作用。致力于一个指标，就会导致其他的指标下滑或者产生其他负面影响，这几乎是无法避免的。

但是，即使知道会有这种负面影响产生，也应该设定指标。只有有了指标，才能确立行为准则，容易成为瓶颈的沟通问题也会更加简化。而且只要能够预测到负面影响，就可以先制定对策，再设定指标。

关于指标的设定方式，关键是要设定一个在看到该指标的变化时，工作人员可以根据各自的判断采取行动（actionable）

的指标。重要的是设定领先指标,而不是滞后指标。滞后指标是指在采取某一行动时,经过一段时间之后才会出现的销售额等数字。领先指标是指比滞后指标先出现变化,并且能够通过这种变化充分预测滞后指标和结果的数值。

将自己采取行动之后立刻就会变化的领先指标设定为指标,数字会对行动产生更快的反应,可以更加迅速地采取措施改进。总之,设定指标的诀窍就是设定能更快出现结果,并能在看到该结果后迅速采取行动的指标。

在设定指标的同时还有一件事很关键,那就是提前订立一个标准,用来规定到哪种程度才可以算是成功,以及如果没有达到标准应该采取什么行动。如果没有订立判断结果好坏的标准,那么在得出结果后,就无法讨论这种结果究竟是好是坏,团队就会停滞不前。另外,没有订立标准的同时也意味着没有确定想要学习和获得什么。

例如,将每一周的活跃用户增长率"5%""7%""10%"分别按照"Good""Better""Best"来排序,并按照这个标准来评价活跃用户数量的增长。

通过提前探讨在未能达到这个标准时应该采取什么样的行动,就无须留出讨论结果的时间而立刻采取行动,所以,指标也能帮助你规划未来的行动方案。

指标要遵循"蓝图"

要根据产品的蓝图设定不同的指标。所以,设定指标是负责产品体验的 CEO 和产品负责人的任务,不能委托给其他人。

例如,在设计信息类的应用程序时,最重要的指标应该设定为什么。是一天发送和接收的总信息数,是一个用户一天发送和接收的信息数,还是信息的文字数或者用户回复信息的时间?

除此以外,更应该考虑的是以什么基准来判断活跃用户的"活跃"。比如以社交网络服务为例,是登录的瞬间就算活跃,还是发动态才算活跃?是否应该将给他人"点赞"、分享内容或者使用特定的功能视为活跃?

"活跃"这个词的定义取决于产品。因为,产品的商业模式和创业公司想要实现的世界观是不同的。

无论是信息类应用程序还是社交网络,都如前文所述,可以设定各种指标。从中选择什么指标,会决定该产品的下一个功能,甚至下下个功能,产品本身的形式就这样不断演化。

如此思考的话,那么指标就应该按照产品最终想要实现的蓝图来设计。

YouTube 曾经将播放次数设定为重要的指标，并且以此为基准改变检索结果。于是理所当然地，最先出来的检索结果都是一些几秒的短视频，因为视频越短，重播数就越容易增多。

但是这样究竟好不好？被上传和受欢迎的只有短视频，所有人都只能看到短视频，这样的情况是 YouTube 的服务所追求的吗？据说 YouTube 基于这样的蓝图与产品负责人商讨后，最终更换了指标。

名为 Medium 的博客平台采用的指标是"总阅读时间"，他们试图通过 Medium 的服务实现的蓝图是"可以长时间在线阅读高质量优秀文章"，因此采用了这个指标。

为了建立这样的世界，他们基本上排除了广告，创造了从发行方收费的模式。

一般的媒体不是将总阅读时间，而是将页面浏览量设为最重要的指标。那是因为他们的收入来源是访问者观看的广告，页面浏览量越高，媒体广告费就越高，因此，媒体为了提高收入，将页面浏览量设为指标是合情合理的。可是结果却产生了一些负面效应，比如有时会为了提高页面浏览量，像前面提到的那般走邪门歪道，或者通过挑逗性的标题来吸引注意，更有甚者还会刊登虚假报道、转载其他网站的信息等等。

当然，传统的媒体和废除广告的 Medium 孰优孰劣，我们并不清楚。至少，传统型的传媒网站一直维持到了今天，在这个意义上，这种商业模式已经通过了检验。创业公司也有挑战新的商业模式的一面，因此，Medium 今后是否能够盈利，继续提供它的价值，在我执笔时还没有答案。

希望你能明白，无论如何，即使是相似的产品，也需要且应该根据不同的蓝图设定不同的指标。

指标是"唯一"的

创业公司所追求的指标应该是唯一的。对于资源较少的创业公司而言，设定很多指标不光没有意义，还会让视点和行为产生碰撞，因此这样做全然不是一件益事。

《精益数据分析》（*Lean Analytics*）将最重要的唯一指标按照字面意思称为"One Metric That Matters"（唯一关键指标，简称"OMTM"）。也有公司将最重要的指标称为"North Star"（北极星）。无论如何，决定一个重要的指标，对于所有的公司而言都具有同等的重要性。

在无法判断哪一个指标是正确答案时，只确定一个指标是一个很难的选择，甚至会让人感到不安。可是，对于人员较少的创业公司而言，如果全体员工不能都向同一个方向迈进，就无法发挥优秀的执行力。最重要的是确定追踪的指标，越是处于创业公司的初期，就越应该设定一个指标，全员朝它迈进。

认识到应该追求的指标必须随时间改变也很重要。

以脸书为例，在创立初期它追求的是注册用户数量。但是随着用户数量的增长和保持率的降低，它又重新将每月的活跃用户数设定为最重要的指标，后来又通过成立解决增加用户数的课题的增长（成长）团队，将公司从停滞的状态中拯救了出来。

在组织和产品的增长过程中，瓶颈常常是移动的。现在哪里有瓶颈，设定什么指标才更合适，需要随机应变。另外，如果创业公司发展壮大，或许就会如平衡计分卡[1]那般需要许多指标。

但是，创业公司却需要锁定当前最重要的数字，整个公

---

[1] 平衡计分卡：从财务、客户、内部运营、学习与成长四个角度，将组织的战略落实为可操作的衡量指标和目标值的一种新型绩效管理体系。——译者注

司都专注于这个数字，努力提升这个数字。与战略相同，通过限定指标，可以自然地明确"不需要做什么"。

追踪必须"彻底"

让团队始终追求设定好的指标，是只有管理层才能做到的工作之一。必须以每天、每周、每月为周期来追踪数字，如果情况不好，就得采取克服危机的对策。

最近有很多可以有效追踪指标的报表工具。尤其是在软件领域，可以将现有的确认工具安装到产品中，因此，数字的追踪本身并不困难。重要的是信息要透明，每天都要追踪该数字，同时彻底向员工公开数字显示的结果，并让他们采取相应的行动。

如果不能了解指标的最新状态，团队的判断就只能依赖过去的信息。如此一来，就不能作出有价值的判断。因此，公司就必须具有透明性，内部共享最新信息，还要转让权限，让员工可以自主行动。

爱彼迎在初期将增长率设定为最重要的指标，并持续跟踪这个指标。当时，办公室的冰箱、地板、厕所等，四处都贴满了当前增长率的贴纸，让所有员工都可以看到最新的数字。还有许多其他的创业公司，也都将自己最重要的指标写在容易看到的地方，努力传达给员工。

指标可以简化公司内部的交流，但是为了不断准确地传达指标的情况，却需要持续进行有效的交流。鉴于这种情况，最好经常检测报表工具在公司内部的使用情况。创业者如果不能向团队不断地阐述公司的蓝图，就无法传达自己的理念，同样地，如果不能持续地追踪指标，就无法向团队传达信息。

在追踪指标时还有另外一个重点，那就是不能对公开的数字作辩解。尤其是创业公司的管理层，没有人会责备他们的辩解，因此需要严格自律。"现在正在致力于研发""这周有活动"之类的借口只要用了一次，就会成为常态。

既然已经设定了指标，如果管理层本身不能表现出贯彻到底的态度，那么，公司的任何人便都会轻视这个指标，从而丧失设定指标的效果。除此以外还有一个现实问题，那就是很多创业公司都无法实现彻底的跟踪。所以反过来也可以说，仅仅能够做到设定合适的指标和彻底的追踪，就比其他创业公司超前一步了。

"客户服务"是产品开发

想要小规模生产,并且让顾客持续使用产品,客户服务发挥着重要的作用。

或许很多人一听到客户服务,就会想到产品上市的售后服务以及投诉处理等。但是,创业公司却绝非如此。

创业公司的客户服务是提供产品以外的体验的重要活动。也就是说,在广义上,它是改善产品体验的重要因素之一。

比起产品本身,真诚的客户服务,有时反而会成为差异化的重要因素。通过强化客户服务,创业公司可以为顾客提供超越产品的体验。

进一步来说,必须认识到创业公司的客户服务是"产品研发的一个要素",因为通过优秀的客户服务可以发现产品的优化点。

尤其是在产品推出后立刻就吸引到的新用户的咨询,将会是无尽的宝藏。购买产品的是什么人?他们来咨询产品的什么用法?直接倾听顾客的这些声音的机会,可以给产品研发带来最直接的启发。

所以,主要做旅游业务的搜索引擎 KAYAK 这家创业公司,在他们工程师办公室的正中间放置了一台红色的电话,并采取强制性的制度，让工程师做客户服务。工程师由此切身体会并了解到顾客的疑问，也得以明白他们的需求，最终将结果反映到产品中。

在前文提到的 Wufoo，据说是由工程师轮流进行客户服务的。

他们怀着"与用户有多深的直接联系，决定产品的设计"的信念，每周花费 4~8 个小时的时间，由工程师直接处理客户的问题。研发者所使用的时间中，总计甚至有约 30% 的时间是在做客户服务。他们将这种开发形式称为"客服驱动开发"。

Wufoo 持续进行这种客服和开发，规模不断扩大，用户也越来越多，但是向客服咨询的案例数量却没有增加多少。

根据他们自己的分析，这是因为他们充分利用了从客户服务初期积累下来的用户的心声，不光提高了产品的便捷度，还通过完善 Q&A（问题和解答）来为用户提供充分的信息，帮助他们自己解决问题，因此，即使用户增加，客服的工时也没有太大变化。

提供聊天服务的 Slack 也是如此，据说创业的 CEO 有半年的时间每天都亲自做客服。爱彼迎的共同创始人之一乔·杰比亚在创业孵化器工作期间，也经常被人目击到戴着头戴式耳机走来走去，回答来自用户的咨询的情景。

就像这样，通过创始人本身做客服，长期制造受顾客喜爱的更优秀的产品便成为可能。优秀的客服可以让顾客成为狂热的粉丝以及代替自己宣传产品的"传道者"。

成为传道者的顾客，甚至可以比员工更有效地宣传自己的产品的优点。也就是说，优秀的客服可以成为打造有说服力的口碑的契机。

很多大公司都难以做到如此程度的高质量的客户服务。因此，对于创业公司而言，这也可以形成差异化。只有初创的创业公司可以做到顾客与 CEO 之间拥有私人联系。

这里需要注意，如果不能获得最高级别的满意度就没有意义。

2000 年到 2005 年间，由施乐（Xerox）进行的客户服务的相关调查显示，在回答"满意"的顾客中，实际上有 75% 的顾客选择了离开。而给出"非常满意"这一最高级别的评价的顾客的续约率是回答"满意"的顾客的 6 倍。

据某家航空公司调查，给出"非常满意"的评价的顾客的回头率超过 80%，而回答"满意"的顾客不足 30%，回答"一般""不满意"的顾客的使用率则无甚差别。

为了获得最高级别的满意度，提高保持率，获得良好口碑，创业公司需要的是"小规模"的客户服务，以便与顾客直接接触。

今后需要的是"客户成功"

想要让顾客继续使用产品，不能等待顾客主动前来咨询，而是需要积极主动地为顾客提供支持，帮助顾客成功。顾客的最终目的并非使用产品，而是想要通过使用产品获得"工作自动化和高效化"的成功。但是顾客常常会在获得成功体验之前就放弃，而且会在试用阶段或者只使用过一次产品就放弃继续使用，就此离去。

鉴于这种情况，最近在面向公司的产品领域，开始设立客户服务的新部门。这个部门发挥着比服务更超前的功能，不是处理顾客的投诉，而是教他们如何使用自己的产品，引导他们走向成功（success）。

积极的服务工作也会反映在收益中。例如，在订购业务——指在音乐下载等服务中可以见到的统一收费服务中，销售额的 70%~95% 都来自业务续订和业务升级（追求更高级的产品）。获得高满意度的顾客会替创业公司招揽新顾客，就连面向公司的似乎无法形成口碑的产品，也有 84% 是以

137

介绍为契机得到推广的。

这种积极的服务在获得对产品的反馈这个意义上会成为最好的机会。尤其是在顾客较少的创业公司初期，被动的客户服务无法收集顾客的心声。通过主动提供客户服务，可以省去等待顾客回应的时间，迅速获得对产品体验的反馈。

"销售"也是产品开发

销售与客户服务相同，也是产品开发的要素之一。

通过销售和客户获取可以检验与产品相关的风险，深入了解与顾客相关的信息。例如，推销在哪里会被拒绝，顾客看到什么功能会选择购买，什么样的产品示范受欢迎等，这些体验对于产品开发是很好的反馈。如果是B2B[1]的产品，也许可以通过销售了解到作决定的过程和引进的过程。即使是在对方拒绝购买或引进的时候，也可以通过销售了解其中的原因，这是一个很大的优势。

---

[1] B2B：公司与公司之间通过专用网络或互联网进行数据信息的交换、传递，开展交易活动的商业模式。——译者注

很多人都指出了销售的重要性。但是，越是具有强大技术背景的创业公司，就越容易产生"只要我制造优秀的产品，顾客就会自发前来"的信念。遗憾的是事实极少如此。

在信息膨胀的今天，很多人都没有足够了解创业公司的产品的机会和时间。如果不能充分宣传，别说是让顾客尝试自己的产品了，就连让他们知道产品的存在本身都无法做到，这就是如今的现状。即使成功让他们知道了，之后想让他们真正付钱，也需要漫长的过程。

就连谷歌这种坐拥先进科技的公司，也不只雇用优秀的工程师，还另外以高薪聘请销售人员。从这件事中我们也能看出，仅靠优秀的产品无法有效提升足够的收益。

也有很多创业公司瞧不起俗气的销售模式，试图以市场营销来取代销售，但是依赖市场营销的创业公司大多都会失败。因为市场营销这种方式无法获得顾客严格的反馈。

在创业公司的初期，尽早经历失败尤为重要。由于销售可以与顾客直接面对面，所以能够直接感受到他们对产品严格的反馈和回应。可以充分利用销售的失败经验，尽早对产品进行改良。

另一方面，市场营销也不能带来明确的失败体验和严格的反馈。致力于市场营销可以避免短期失败，却难以获得有助于改良产品的反馈，于是从长远来看，容易造成产品和创业失败。

当然，只要有相当的自信和经验，或许也可以从一开始就致力于市场营销和品牌打造。但是一般而言却应该先致力于销售，获得顾客严格的反馈。彼得·蒂尔也说过："优秀公司的经营战略应该且必须从小事开始。"

另外，销售和获得初期客户的工作，需要由创业者亲力亲为。

创业者的责任就是想尽一切办法维护初期客户，不同的创业会有不同的方式。

例如：一天给客户发送100封邮件，逐一给认识的人打电话，参加活动并孜孜不倦地推荐客户试用等。

总而言之，管理者要作好亲自接触最初的几百家公司或者几百个人的心理准备。例如，教育性质的创业公司Clever的创始人，在进入创业孵化器的最初两个月，就亲自对400家公司做电话销售。

提到销售，或许你就只会想到面向公司的产品。面向消费者的免费销售服务等也同样不可或缺。初期用户要通过与销售相同的方法来获得。

如果连创始人的熟人都不会使用，那么这种产品大概很难推广。就连创始人都不能说服与他直接接触的某个人使用的话，即使广为宣传，大抵也无人问津。

而且，如果连这个世界上对产品体验倾注了最多热情，并且对它有最深理解的创始人都不能成功销售的话，把它交给别人肯定也卖不出去。越是全新的产品，越应该由它的制造者本人来销售，这是成功率最高的方法。

不过从结论而言，销售大多会失败。对创业公司的创新产品给予最初评价的创新团队是极少数。向100个人推销恐怕会遭到98个人拒绝，这也意味着你需要接触500个人才能获得10个顾客。

反过来说，销售也可以说是一个数字游戏。也就是说，猜中的数字越多，达成目标数值的可能性就越高。

因此需要进行庞大数字的运营，这听起来似乎是一个坏消息。但是另一方面还有一个好消息："最初买账的10名（与你素不相识的）顾客，与今后可能获得的1000名顾客，很可能具备几乎相同的特征。"区区10人的销售额或许只是一杯啤酒的销售额，却是成功的征兆。所以请你先去获得10个顾客吧。

从制造优秀的产品，到通过优秀的方法销售，都是创始人的职责。

销售是"询问"

我想继续思考一下销售。

销售并非推销，而是询问，这一点最容易被人误解。 销售不是从说话而是从询问开始的，这或许也很反直觉。最重要的是询问顾客的问题。

稍后再介绍本公司的产品这一解决方案也没关系。推销员其实应该把超过 70% 的时间用在询问上。也就是说，可以将谈论自己的产品的时间控制到 30% 左右。首先询问顾客的问题，是成功的营销活动的秘诀。

销售最关键的是速度。有数据显示，在接到网络咨询时，5 分钟以内打电话过去，顾客的反应会更好，而且这个数据是绝对的。据说，35%~50% 的顾客会选择最先回应自己的供应商（销售方），尽快回答顾客的咨询可以一举提高成功率。

此外，坚持不懈地维持联络也很重要。

无论是多么想购买你的产品的顾客，如果你不跟进，他们就会忘记回复。记住，无论多么想购买的顾客都是如此，至少需要联系或提醒他们 6 次左右。

请你充分利用 IT 技术，以便能够时刻记得迅速应答和提醒。

"配销"是瓶颈

配销是一个可以广泛阐释的词。在这里,它指的是将产品送到顾客手中之前的全部流通过程。不仅是直接销售的运营活动,通过代理商进行的运营活动、广告、市场营销、商业开发、口碑传播等都是配销。配销容易成为隐藏在创业公司快速增长的过程中的瓶颈。

配销容易被轻视,这是它有可能成为瓶颈的一个原因。这与刚才阐述的内容也相通,人们容易认为只要能够制造优秀的产品,顾客就会自发前来,然而事实绝非如此。

彼得·蒂尔也曾给有轻视配销倾向的创业公司敲过警钟,他说:"即使你发明了某种新产品,无论那是一种多么优秀的产品,只要你无法找到能把它高效地销售出去的方法,就难以将它做成一项好事业。"

配销之所以会成为瓶颈的第二个理由在于,特定的事业其实并非只有很少一部分有效渠道,也不是投入的成本越多,配销的效果就越好。**换句话来说,作为配销的基础的渠道也有适用于"幂法则"的倾向。**

按照彼得·蒂尔的话来说,大部分事业失败的原因都在于拥有的配销渠道太弱,不能充分发挥作用。

接下来这件事也很反直觉——只要能找到非常有效的渠道，实现优秀的配销，就能离垄断更近一步。反之，如果找不到优秀的配销方法，创业公司就会破产。

由于具有这种性质，创业公司初期必须维持小规模销售。

销售也可以用来检验配销。比如顾客是从哪里知道自己的？什么东西会让他们愉悦？他们平时在看什么？通过销售可以充分了解顾客，从中或许可以获得契机，了解到最合适的渠道和配销方式。

如今，成立创业公司变得既便宜又简单，但是为了扩大规模而进行的竞争却越来越激烈。在应用商店里，过去排名靠前的大都是创业公司的应用程序，现在却基本上是大公司独占鳌头，排名的变动也越来越小。

另外，你应该寻找的渠道不是在创业公司的初期竞争对手扎堆的成熟渠道，而是能够接触理想顾客的、自己的事业所特有的渠道。只有顾客才能帮助你找到这种渠道的方向。

了解顾客的捷径就是与他们直接对话，可以通过销售、客户服务、顾客问卷调查等方式来实现。

"破解（hack）"执行方法

世界上有种人叫作黑客。

人们常常将受到非法访问称为"遭到入侵"，"黑客"原本指的是具有比一般人更丰富的技术知识，并利用这些知识解决问题的人，或高智商的人、有创造力的人。现在有些人则倾向于将进行非法访问等恶行的人称为"骇客"（cracker），以便与黑客这个词进行区分使用。

当今硅谷中的创业公司，很多管理者都是精通技术的黑客。他们通过破解技术性问题，制造优秀的产品。**但是，创业公司需要思考的却是要将这种精神进一步扩大，破解创业公司的经营本身。**

例如，"执行"就是一个应该破解的目标。

在经营创业公司的过程中，必须要执行很多事项，在此应该提前思考"能否更加高效地执行"。

读到这里，你应该也已经充分明白，依靠普通的方式是无法战胜大公司的。

正如脸书曾经将"Move Fast And Break Things"（快速突破，除旧立新）作为口号，一举实现增长一般的窘境，创业公司应该使用只有创业公司的速度才能做到的执行方法。

云存储服务 Dropbox 有一段时间曾向行人赠送星巴克的咖啡，邀请他们接受采访。仅凭一杯咖啡的价钱就倾听到顾客的心声。大公司或许要耗费一个月时间才能完成的采访，他们用很短的时间就完成了。略施小计，就可以节约对于创业公司而言最为宝贵的时间资源。

2007 年，推特在 SXSW[1] 活动（在得克萨斯州的奥斯汀举办）中，"破解"了活动促销。

他们没有准备常见的展出摊位，而是通过设置在会场中的大型显示屏显示与 SXSW 相关的讨论，也就是"推特"，他们还在推特上特别增设了 SXSW 专用功能。只要发布特定的文字列，就能自动关注推特的大使。结果，在 SXSW 活动之前每天仅有 2 万左右的相关推特，在活动期间这个数字提高到了 6 万。

同样利用 SXSW 进行破解的还有提供专利程序的创业公司 Belly。他们在活动举办之前打入 SXSW 的举办地奥斯汀，率先在奥斯汀的各个店铺推广他们的服务。如此一

---

[1] 世界上规模最大且唯一的"科技、音乐、电影"盛典。

来，在活动参加者到来之际，奥斯汀的店铺已经都用上了Belly，对于那些来参加SXSW的候选客户、新闻人和有影响力的人，Belly提供的程序的认知度一举得到提升。

如上所述，即使是同一个活动，也可以通过与大公司不同的方法参加或参展进行"破解"。这样一来，虽然花费了同样的费用，却可以发挥更大的效果。另外，使用SaaS提高效率或者使用新渠道进行市场营销，也可以说是一种"破解"。

据说创业孵化器也非常重视"过去的破解经验"，他们会向自己正在考虑出资的创业公司询问相关的问题。

但是，这里所谓的"破解"却不是指进行违法、违反道德或者投机取巧的行为。他们重视的最根本还是"如何走在既有体系和传统思维之前"。

不知道是为什么，创业公司容易涉足负面活动。但是既然你是创业的创始人，就必然有相当长的时间在自己的公司工作。假如你的公司从事违反道德的活动，你是否愿意在这样的公司工作？

如果你的答案是"No"，那么就需要努力洁身自好。你要时刻注意，不要误解这个词的含义。

最后的产品是"团队"

到目前为止,我粗略地介绍了如何提供理想的产品体验,实现创业公司必须完成的增长。如果能够创造符合顾客期待的产品体验,组织也会有相应的增长。但是随着组织不断增长,创始人会逐渐离开产品制造的中心,将更多的时间投入到公司的建设中。

一旦看到这样的征兆,你就必须开始考虑,作为组织如何才能继续制造优秀的产品,以及应该安排什么人来负责产品制造。一般而言,"超过25个人,创始人的工作就会从产品制造转移到公司建设上"。

进入那样的阶段以后,在某种意义上,"能够继续创造优秀的产品体验的团队"或许才是创始人应该打造的产品。

直接从事产品制造的时期,是创始人进行公司建设的过程中最愉快的时光之一。创始人可以集中精力打造产品的时间往往比想象中更短。

希望你能充分享受这段时间。

本章总结

- 最重要的是制造人们"想要的产品"。
- 通过将产品"以外"的内容也视为产品体验,可以大大增加可行的方案。
- 产品体验是"假说的集合"。请你从具有最大风险的假说开始检验。
- 对于创业公司而言,最大的风险大部分情况下都是顾客"是否有需求"。想要确认这一点,也请你首先从"推出"简单的产品开始,一边观察顾客的反应,一边进行改良。
- 比起被多数人喜欢的产品,你更应该制造的是"被少数人爱"的产品。为此最需要的是"小规模生产"。此外,你还要不断跟踪"保持率"。
- 应该将"客户服务"和"销售"视为产品开发。请你不要回避麻烦的工作,这些小规模生产的产品应该由创始人亲力亲为。

专栏　创业公司一旦失去干劲就会破产

创业公司最应该关注的是增长率和干劲（momentum）。在拥有干劲期间，产品开发和改良都会顺利推进，招聘也能顺利进行，即使有段时间需要长时间工作，员工的士气也不会下降。就算发生了负面事件，只要有干劲，伤口就可以愈合。

但是，一旦失去干劲，员工就会格外轻易地与公司离心。

这是理所当然的，因为加入创业公司的人之所以会加入，有一部分原因就是想要体验"在公司日复一日成长的过程中，自己也在成长"的兴奋感。

失去干劲会如何？首先公司会出现抱怨和辞职现象，接着员工就会陷入负面情绪，产品开发的速度也会逐渐降低。一旦如此，CEO就必须处理杂务、增加招聘、修复人际关系等，难以推进公司和产品，最终造成干劲进一步丧失，引起负面的连锁反应。

萨姆·阿尔特曼如此总结这种现象："创业公司是靠干劲维持生存的。"

创业公司绝对不能失去干劲。必须时刻关注当前的干劲，并不断思考应该如何维持干劲。如果连CEO和管理层都开始感觉到干劲有所丧失，那么大部分员工早就已经感觉到了，需要尽快采取措施。

在干劲充足的期间，还应建立即使失去干劲也能把员工留住的公司体制。具体来说，就是"让员工喜欢上工作和创业"。硅谷著名投资人、创业者、《创业维艰：如何完成比难更难的事》（*The Hard Thing About Hard Things*）的作者本·霍洛维茨说："在事情朝着非常糟糕的方向前进时，员工留在公司的唯一理由就是他们喜欢公司。"

获得最初的干劲的最好方法，就是尽快制造产品并推出。我在前面也提到过尽快推出产品的好处，这个好处不仅在于能够快速开始与顾客之间的交流，对于公司内部而言也有很积极的影响。

产品不够完美也无妨，只要产品上市，创业内部就能获得最初的干劲。最重要的是观察顾客的反应，明确下一步应该怎么走。反之，如果拖延着不让产品上市，团队就会产生停滞感。正如苹果公司的创始人史蒂夫·乔布斯所言："上市是真正的艺术。"

此外还有一个能够创造干劲的方法，那就是将事情分成小块，逐一解决，从而不断脚踏实地地获得胜利。很大的野心也可以分割成一个个小项目,不断积累各个项目的胜利，加快积累胜利的周期，是创造干劲的诀窍。

越是那些以解决高难度技术为目标的硬技术型创业公司和追求巨大社会影响的创业公司，越容易从一开始就花费很长的周期推动工作。因为有巨大的野心和社会意义，面对的是困难的课题，所以想一口气做一个大项目，这并不是一个好方法，必定会在中途丧失干劲。

创业孵化器为这种硬技术型创业公司提供了一个诀窍，那就是将项目分割为靠小型资源也能完成的、适当大小的项目，从初期开始就获得干劲。

很小的胜利也无妨，请你不断向公司内外展示，你们确实已经开始抓住顾客的心，只要你能坚持将干劲维持下去，总有一天你的公司和产品都会变强大。

第四章

风险

大获成功的创业公司不会随意冒险

在前面几章我介绍了创业公司的创意、战略、产品等可控因素。

创业公司想要成功，除了上述这三点，还需要有超群的执行能力和优秀的团队。不过由于这些因素中没有具有"反直觉性"的项目，所以本书省略不谈。

但是，即使创意、战略、产品、执行力、团队都很完美，可是如果缺乏某个因素，创业公司也无法成功。这个因素就是"运气"。

运气乍一看似乎完全不可控，但是可以通过将运气分解为几个因素，从中找到某种程度上可控的部分。

只要能够把握自己能够控制的部分，剩下的就是将这种因素最大化，这有助于事业的成功。**将成功概率提高哪怕几个百分点，控制运气，是管理者必不可少的技能。**

本章想要探讨的就是与创业公司的"运气"相关的各种观点。

管理者的"风险"是什么

管理者是"冒险者",这种观念如今还根深蒂固,也有人站在推荐公司的立场上,提出"不冒险的风险"这种乐观向上的说法。

但是,大获成功的管理者并不会随意冒险。

亚当·格兰特在《离经叛道》中引用的某个研究结果显示:"不一心一意创业、继续做自己的本职工作的创业者,比那些辞掉本职工作、一心一意创业的创业者的失败率低33%。"如果这个结论是正确的,那就意味着讨厌风险的创业者具有更高的成功可能性。

另外,在由咨询公司普华永道会计师事务所编写的以亿万富翁为主题的《高价值创造者的5个思维习惯》(*The Self-made Billionaire Effect*)中也提到,在他们身上不太能看到喜欢风险的倾向。

比如让我们来看一下身价亿万的企业家比尔·盖茨的例子。

到处都在宣传,比尔·盖茨为了创业从哈佛大学退学,可是事实上,他在大二那年创业以后仍然继续了一年学业。

而且，他正式开始创业的时候并不是退学而是休学。也就是说，他一直都保留着重回哈佛的选择。

前文提到的《离经叛道》中指出，创业家选择承担的风险的多少，总体上与普通人没有什么区别，只不过是他们承担风险的方式有所不同。我要介绍的就是最不同之处，尤其是以下三点：

1.创业者会对风险进行项目组合管理

越是成功的管理者越会做项目组合，也就是说，如果在某个领域采取了风险较大的举措，那么就在其他领域采取慎重的行动，以便让整体的风险水平相互抵消。

例如，在创业之前先保证自己有可靠的收入来源和资金来源，在拥有防护网的情况下再做冒险的尝试。很多大获成功的管理者，要么是父母很有钱，要么就是失败一次不足以影响他的事业，或许也是因为他们拥有这样的防护网。

把目光转向创业公司以外，爱因斯坦和卡夫卡等名人也一直在做同样的事。爱因斯坦一边在专利局工作，一边沉迷于相对论的奇思妙想；卡夫卡则一边做保险公司的职员，一边写出了《变形记》等荒诞的小说。

或许他们也正是因为有安全的收入来源，才能埋头于充满挑战的课题。

2.管理者会等待良机

我在谈论先行者优势的话题时也曾提到,偏爱风险的人容易不管不顾地执着于打头阵。但是,成功的管理者却都倾向于等待合适的时机。

例如2014年以软件公司为对象的调查研究显示,如果急切地进入风险投资所关注的热门的、流行的市场,那么,进入这些市场的创业者的创业的生存率和增长率都会降低(Pontikes & Barnett)。

而那些一直等待市场的热度降下去的管理者和在所谓的"不理想"的时机进入市场的管理者的成功概率反而更高。

3.管理者会相对性地判断风险

一般人会害怕失去现在拥有的东西。但是据《高价值创造者的5个思维习惯》所言,亿万富翁似乎并非如此,比起失去现在拥有之物的风险,他们更害怕错失机会和风险。具体而言,亿万富翁不是讨厌"失去现在拥有的钱财的风险",而是讨厌"错过将来的可能性的风险"。

管理者容易被认为是追求高风险高回报的人,可是只要看一下上述三点,就能明白事实略有不同。因为他们承担风险的方式略微不同,所以可以说他们"把握住了与他人不同的机遇"。

通过"杠铃策略"回避"黑天鹅"

人们认为,《黑天鹅:如何应对不可预知的未来》(The Black Swan)一书预测到了2008年的金融危机。

这本书的作者纳西姆·尼古拉斯·塔勒布(Nassim Nicholas Taleb)认为,被称为黑天鹅的现象具有如下特征:

- 异常,即按照过去的情况来看应该不会发生这种事,在一般可以预料到的范围之外。
- 发生时会造成巨大冲击。
- 尽管异常,却是人类与生俱来的特征,发生之后可以创造适当的解释,将它合理化,让人感觉本来是可以预测的。

也就是说,只要是超越预知、带来无法挽回的影响的事件,就可以被称为黑天鹅。正如过去的金融危机那般,黑天鹅经常会给人们带来重大的危害。

但是,虽然存在金融危机般的负面黑天鹅现象,却也存在正面黑天鹅现象。**创业公司就属于正面黑天鹅现象。**

创业公司来自于"一般可以预料到的范围之外""发生时会造成巨大冲击",而且"事后可以找到合理的解释,原本是可以预测的"。在找到它时，可以给管理者和投资者带来巨大的回报。创业公司可以说刚好具备黑天鹅的特征。

通过了解黑天鹅的特征，可以把它们应用到创业公司的思维中去，塔勒布在他的著作中谈到了黑天鹅的存在，同时也介绍了制服黑天鹅的方法。

其中之一就是名为"杠铃策略"的承担风险的方法。这个策略就是："将极端保守的投资和极端具有投机性的投资组合在一起，抛弃一切中等风险。"

例如，将投资的九成左右分配给超级安全的投资，剩下的一成左右则分配给具有投机性的投资，综合起来就是中等程度的投资，但是中等风险的部分却很少，形状就像是杠铃一般，因此这般命名。

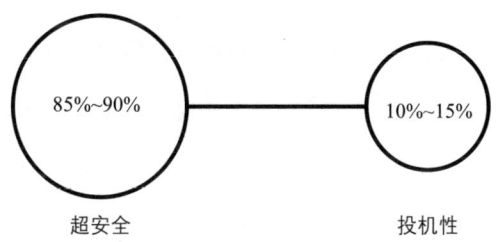

图13　杠铃策略

如果发挥分散风险的意识,将一切都投入到中等风险的投资中,那么当负面黑天鹅现象出现时,一切都会"化为乌有"。

但是,杠铃策略虽然也会将资金投入那些投机性强的部分,但是大部分的资金却都押在那些超安全的投资上。如此一来,重点就在于无论是发生负面黑天鹅事件,还是正面黑天鹅事件,公司都能以良好的状态来面对,而且能够应对负面黑天鹅事件。

采取这种策略,将资产的九成都投入安全的项目中,即使出现黑天鹅,公司也能保留部分投资资源。

同时,用投机性投资继续去赌黑天鹅的出现,有望获得超出预期的巨大回报。

塔勒布在书中也提到,在你投机性的投资中也可以创建风险资本式的投资组合。

综上所述,风险投资这个行业会对数十家创业公司进行有风险的投资,只要其中一家公司能大获成功即可。同时,由于创业公司的获利是非对称性的,因此在这种商业模式中,风险投资也可以发挥作用。

这种风险的承担方式,与刚才提到的爱因斯坦和卡夫卡在事业上采取的风险承担方式也很接近。这种风险承担方式大部分也可以应用于产品开发中。

例如，在思考增加新功能时，可以把较多时间花费在增加满足顾客期望的功能上，剩下的时间则尝试增加自己非常感兴趣的风险高的功能。这样做或许会在某个时机迎来爆发性的用户增长。

谷歌的"20%时间制"或许也与这种杠铃策略类似。因为20%时间制与时刻让20%的公司员工进行投资基本上是同一个意思。实际上，谷歌有很多通过20%时间制实现快速增长的产品。如今已经是脸书的主要功能的时间线，也是在黑客节（短期内制作作品的活动）上诞生的产品，它最初只是一个游戏。

将赌注压在"反脆弱"上

塔勒布在《黑天鹅》之后，又写了《反脆弱》（*Antifragile*）一书。"反脆弱"，它的意思是既不隐藏，也不回避脆弱，而是"反过来充分利用脆弱"。

他在这本书中指出，创新正是诞生于世界的反脆弱性。

与其他概念作一下对比，或许更容易理解反脆弱的含义。

脆弱（易坏）的事物是指只要发生很小的变化，就会遭受巨大打击的事物,就像咖啡杯一样。咖啡杯只要受到一丁点儿预想不到的打击,就会轻易破碎。同时,易坏的事物和不喜欢变化的人会追求强韧(结实)的事物。比如咖啡杯,如果是铁制的就不会损坏。但是,这种咖啡杯既重,使用又极为不便,虽然不会摔坏,却也无法获得巨大的收益。最后,请你暂时将反脆弱理解为不会因变化受到打击,可以获得巨大收益的事物。此外,他还以"理解是凸性(反脆弱)的拙劣替代品[1]"为题发表了他的创新论,有兴趣的朋友可以参考。

按照塔勒布的理解,创新、技术进步以及新的知识的发现,属于"正面黑天鹅现象"。也就是说,利用世界的反脆弱性是一种发现创新的方法。

现实告诉我们,很多创新并不是立足于学术性的理论,从理论中由上而下诞生的。大部分创新都是通过科学家们的试错,自下而上产生的。

在试错的过程中诞生了偶然的发现,从偶然的发现中又产生新的创新。借用塔勒布的话来说就是:"现实世界

---

[1] Understanding is a Poor Substitute for Convexity (Antifragility)。

的变动性（volatility）带来的非对称性的正面黑天鹅现象才是创新。"

青霉素的发现就是一个例子。发现青霉素的弗莱明在打扫研究室的过程中偶然发现，在实验中培养的一种培养基会产生青霉菌，这种青霉菌会妨碍菌类的培养，同时他还发现了青霉素的抗菌性。

现在回顾一下当年，人们会觉得这个发现的重要性是理所当然的。但是，从弗莱明发现青霉素到人们认识到这个发现的意义，经历了漫长的时间。

生物的进化也是一个例子。得益于现实世界的变动性，从原始世界的海洋中偶然诞生了生物，后来又通过一连串正面黑天鹅现象，终于诞生了人类。

当然，在试错的过程中会经历很多失败，每次失败都会产生成本。如果成本不断积累，越滚越大，那就有问题了。

塔勒布提出了这个问题的对策："要将失败的成本控制在小规模且可预测的范围内。"还提出了一个附加条件："要将赌注压在会产生看不到最高利益的上限，以及具有非对称性的回报的事物上。"

彩票这一类最高利益和回报率已经确定的东西，不能说是反脆弱的赌法。把资金投入那些最高利益的回报率巨大到无法估计的项目中,才是认识到反脆弱性的赌法。

因此,对于可预测的试错成本,当出现非对称性且无法预测的利益时,可以获得巨大的回报。塔勒布将它称为"凸补法"(convex tinkering),这是他的创新方法论,这也正是与创业公司贯通的思维方法。

无论好坏,现实总是潜藏着超出预想的可能性。人类并未把握世界的全部,一定有未知存在。

防备负面未知事件的发生是风险管理的基础,而赌正面未知事件的发生,或许就可以称为创新。**更准确来说,"在可预测的成本的范围内,赌正面的未知事件的发生",这可谓是发动创新的方法。**

如果无法预测,那么只需利用可以预测的东西。这就是塔勒布的观点。创业公司也同样如此,它们聪明地利用在激烈的环境变化中产生的世界的不确定性,寄希望于正面未知事件的发生,一举实现增长。

"次数和速度"是可控的

著名物理学家列纳德·蒙洛迪诺写过一本关于随机性的科学著作,在这本名为《醉汉的脚步:随机性如何主宰我们的生活》（*The Drunkard's Walk : How Randomness Rules Our Lives*）的书中，他如下叙述：

"我学到的最重要的事就是不断向前走。这是因为成功的一个重要因素——随机性总会幸运地发挥作用，比如站在击球手的位置上的次数、冒险的次数、把握住机会的次数，都是在我们的控制之下的。就连失败的可能性更大的掷硬币，偶尔也会成功。或者如IBM的创始人托马斯·沃森所言：'如果你想要提高成功的概率，首先要将失败的概率翻倍。'"

正如蒙洛迪诺所言，运气虽然无法控制，但是挑战的"次数"却能够凭我们的意志操控。

只要试错的次数足够多，再罕有的事都有可能发生。反脆弱意识的挑战的次数增加，出现产生巨大回报的创业公司即"正面黑天鹅事件"的可能性也会整体提升。

我想再补充一句——我们还可以控制一次挑战成功的"速度"。例如，如果验证某个假说是否正确需要一周时间，那么一年就只能进行52次验证。

但是如果升级方法，将验证假说的时间缩短到三天，那么一年就能做120次左右。如果能缩短到三小时，那么一年就能做3000次左右的假说验证。只要我们更加关注速度这种可控的事物，就可以提高挑战的次数。

当然，并非一切挑战都可以缩短耗时。不过只要动一下脑筋，就能比现在更快、更廉价地进行挑战。只要在此基础上增加挑战的次数，就能提升自己的运气。

"量"会诞生"质"

增加挑战的次数还有一个好处："量会诞生质。"

这在某种意义上具有与艺术家相近的特质。在面向艺术家的著作《艺术与恐惧》（*Art & Fear*）中，介绍了如何应对艺术家容易陷入的恐惧。作品中介绍了一个有趣的试验。

在某个课堂上，把班级的一半学生分为两组，让他们各自按照不同的方法来制造壶：

- 按照壶的"重量"（总重量）打分的组
- 只按照一个壶的"质量"打分的组

也就是说，将评价的标准分为"量"和"质"。

你的第一反应，肯定会觉得能够制造出更好的壶的是按照"质"来打分的小组，然而最终制造出分数较高的壶的却是"量"的小组。

这是因为"质"的小组只计较完成的壶的完美度，无法创造出有价值的作品，而"量"的小组却通过反复试错，提高了制作水准。

"量"会诞生"质"，也可以通过其他事例来证明。

爱因斯坦写过248篇论文，达尔文写过119篇，弗洛伊德写过330篇。爱迪生获得过1093个专利，巴赫谱写过1000多首曲子，毕加索留下了2万多幅画作。就像这样，连天才也是历经很多挑战和失败才创造出杰作。

研究这些天才的创造力的西门顿表示，他们创作很多二流作品的时期，和创作很多一流作品的时期，其实是同一个时期。也就是说，那些天才为了创作出杰作，也需要不断累积失败的经验。

话虽如此，可是科学家在年轻时代就已经有伟大的发现，如果挑战的次数更重要的话，那么他们又为什么会在阅历较浅、挑战的绝对数量较少的时候做出伟大的业绩？或许有人会提出这样的疑惑。

但是，近年来在《科学》中刊登的调查结果却显示，"年轻时代有伟大发现"的观点并不是那么正确，他们创作出可以称得上伟大发现的论文的概率，在他们整个职业生涯中是一定的。科学家在年轻时代就有伟大发现的理由，仅仅在于他们在年轻时发表的论文更多，因此在年轻时取得业绩的可能性也更高，另一方面，随着年纪的增长，论文的出版数相对来说会持续降低，于是随着年纪增长，留下业绩的可能性也随之降低。

从这个调查中我们也能明白，最重要的还是数量。为了提高"质"和把握住运气，必须挑战"量"。

"损失"很可怕吗？

不挑战就无法得到某种东西。但是，为什么很多人即使了解这种情况，也不去挑战？

获得诺贝尔经济学奖的行动经济学家丹尼尔·卡内曼指出，其中的一个原因就在于"厌恶损失心理"。这种心理倾向，简单而言就是任何人都害怕损失，相对于获利，他们对损失更加敏感。

在各种实验中，对比相同程度的利益和损失时，损失所伴随的情感冲击是获得利益时的1.5~2.5倍左右。尤其是对于最初的损失的感受会更加强烈，然后会逐渐缓和。

人类总是过度在意挑战必然会伴随的金钱和时间方面的损失，尤其是倾向于避免迈出最初的那一步。这种厌恶损失的心理在某种意义上可以说是一种非线性的现象,也是一个反直觉的事实。

但是换个角度来看,挑战一般人容易犹豫的事情本身,也可谓是一个优势。

人们会从失败中收获良多。被控制在可以预测的范围内的失败,并不单纯是失败,也可以视为学习所必要的成本。

其实有研究结果表示,对比成功体验和失败体验所带来的后续的绩效提升效应(减少失败概率),后者的影响力更强烈。也就是说,人们会从失败中学到更多。

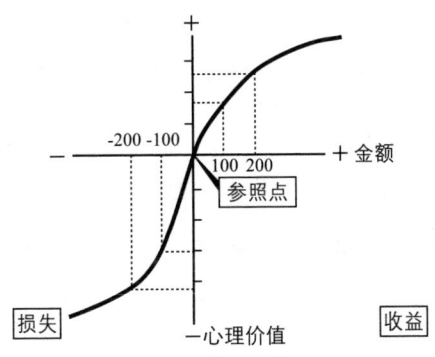

图14　损失回避

在人的一生中,机遇来到面前的机会并没有那么多。或许你会害怕损失,但是当你感觉到机会到来时,拿出挑战它的态度可以帮助你抓住它。

如果不顺利的话,就把这种失败仅仅视为挑战的结果上的失败,仅仅如此就能比别人学到更多,在经验方面领先一步。

避免"巨大的失败"

即使你对某项技术和事业满怀热忱,跃跃欲试,但是只要时机不合适就无法实现成长。在这个意义上,拥有可以长期挑战的权利非常重要。

例如等风投公司的融资就意味着要使用别人的资金。如果过度使用这些资金,将来就有可能不被允许再次挑战。无法挑战就无法获得胜利。

为了能够在胜利的时机到来之前顽强地坚持下去,最重要的是要避免巨大的失败。很多有名的创业家也有失败的历史。他们之所以能踏着失败抵达成功,是因为他们即使失败了,也维持了可以再一次挑战的状态。

因汉明码的发明而闻名于世的数学家理查德·汉明说过:"想要留下伟大的业绩,不需要干出很多大事。在某种意义上留下伟大业绩很简单,只要长期生存下去就可以了。"

如果你能认识到，即使失败也不会就此毁灭，继续去挑战的话，总有一天运气会来敲门。

爱彼迎在实现增长之前坚持了大约1000天。色拉布在上市后最初三个月的下载量也仅有127个。

创业公司不会一夜成功。不失去动力，维持事业的生命，不断坚持，才是获得"运气"最重要的事。

"互助"

"置身于什么样的环境"也是管理者的重要资质之一。置身于可以与某个人互相承认失败，面临失败时可以互帮互助的环境下，有利于创业公司的成功。

创业公司是挑战创造新价值的集团，并不是在成熟的市场进行互相瓜分馅饼的"零和游戏"。新价值的创造没有上限，而成功的公司数量也没有固定的上限。

保罗·格雷厄姆说过："如果你想成立创业公司，无论你是否意识到，你都会试图去反证馅饼谬误（Pie Fallacy）。"他想表达的观点是，创业公司不是要进行互相争夺馅饼的竞争，而是要互相创造新价值，将馅饼做大。

如此一来，创业公司之间就更加应当彼此协助，彼此贡献,一起将新创造出的价值最大化。

只要坚持互助,假如有一天你的事业失败了,也一定可以被某个快速增长的创业公司接纳。他们需要人手,如果你曾经是创业公司的管理者,就更加是他们迫切需要的人才。

如果他们了解到你在此之前累积的努力,一定会向你伸出援手。

在创业孵化器,那些经营创业公司失败的人才,也大多会被同期的创业公司聘用。

因此,请你务必重视与周围的管理者之间的联系。如果周围没有管理者,果断地搬到管理者聚集的地方也是一个选择。选择置身什么样的环境,是为了让运气来到你身边而能够采取的最好的方式之一。

再重申一次,创业公司不是"零和游戏"。凝聚大家的力量,整个行业携起手来,共同创造新价值,对于创业公司从业者而言,甚至对于全世界而言,都可以带来良好的结果。

本章总结

- 管理者承担风险的方式不仅是高风险、高回报。还存在更聪明的风险承担方式。

- 请你掌握反脆弱和杠铃策略的"反脆弱性"的思维方式，积极地利用世界的不确定性和脆弱性。
- "运气"依赖于挑战的次数。为了增加挑战次数，需要加快每次挑战的速度，降低挑战成本。这种"速度"是可控的。
- 想要长期挑战，最重要的是在避免"巨大的失败"的同时进行赌博。请注意不要陷入无法再次挑战的情况，不断进行可以将失败控制在可预测的范围内的挑战。
- 创业公司不是瓜分馅饼的游戏，反而是扩大馅饼的游戏。请你和身边的创业者们通力合作，创造新价值。

专栏　东大学生和创业公司

我目前在东京大学的产学协创推进本部工作，这是一个和公司进行共同研究以及支援大学创业公司的组织。

东京大学在日本国内以拥有高水准的研究成果和人才而著称，实际上，它也是拥有最多大学生创建创业公司的大学。

根据野村综合研究所的调查，2015 年由大学生创立的风险创业公司的数量，东京大学遥遥领先。与排第 2 位的京都大学相比，这个数字有 2 倍以上的差距（《大学风险创业的增长因素对策相关实态研究》2015 年度）。

当然，创业公司的"质"很重要，创业的数量本身没有那么要紧。但是，通过数字也可以看出一个事实，那就是东京大学周边的创业公司的生态体系中，各种各样的技术正在聚集。

东京大学长期以来都在不断完善支持创业公司的环境。

我所属的东京大学产学协创推进本部，除了产学共同研究的推进，还在进行对大学创业公司的支持。比如在大学内设置创业公司入驻所需要的设施"创业家广场"（Entrepreneurs Plaza）等，通过各种形式为刚成立的创业公司提供支持。此外，还在教育层面上致力于管理者教育，从持续10年以上的"创业道场"中走出了无数创业家和事业家。

在东京大学的周边，对大学以外的创业公司的支援活动也在不断扩展。

常年都在为有效利用大学的研究成果的创业公司投资的风投公司"东京大学Edge Capital创投公司"，以及帮助管理大学知识产权的"东京大学TLO株式会社"等公司，作为东京大学的相关组织，从10多年前开始就已经在开展活动。它们与大学通力合作，累积了很多支援创业公司的经验，近几年又有一所名为"东京大学协创平台开发株式会社"的新风投公司成立。它们提供给大学的研究成果商业化所需的风险资本正在不断增加。

此外，自主创业并有上市经验的东大毕业的独立投资人，也开始为创业公司提供积极的支援和投资。这些独立投资人也被称为天使投资人，他们不仅进行小额投资，还从自己的经验出发，为创业公司提供建议。创业不久的周边的管理者们，也在经营自己的事业的同时，与后来的管理者候选人们紧密联系，为他们提供创业的经验。

尤其是东京大学周围的创业公司，更多是以大学的研究成果和先进技术为中心的所谓的"硬技术型创业公司"，这一点也独具特色。于是，进入创业公司工作的技术院系的优秀毕业生都留在东京大学周边，这一院系的学生通过去那里实习和交流，提升了技术水平和研究课题的发现能力，形成一种良性循环。

就这样，在东京大学的周边地区，逐渐形成大学和相关组织、民间公司和毕业生成为一体，为下一所创业公司的诞生提供支持的环境。现在甚至可以说，在日本国内如果有想要成立创业公司的年轻人，进入东京大学学习将会是他们最快的捷径。

同时，在美国的精英大学，越是顶尖的人才就越倾向于进入创业公司工作。虽然称不上"位高则任重（财产、权力、社会地位所伴随的责任）"，但是我感觉，精英更应该参与社会性课题的观念，已经逐渐渗透进日本的年轻一代人心中。创业公司这一选择，如今是最有效的方式之一。

通过鼓励他们参与这种挑战，日本这个国家也将有新的发展。参与新的财富的创造，然后向教育和研究回流，可以将这种发展的周期进一步缩短。

不过，这些被称为精英的人，未必擅长参加新事业的创造和社会性课题。尤其是在商业世界，有时极其需要野性的战斗方式。

因此，如果有人真心想为社会带来影响，那么就需要去学习"规则之外的战斗方式"。这可以说是一种野性的思维。

本书介绍的思维方式，就是在名为创业公司的环境中诞生的野性的思维方式，在这个环境中，行差踏错一步，就有可能造成公司本身的毁灭。我相信，让志向远大的年轻精英们学习并挑战这种思维方式，有助于推动更多的社会课题更进一步地解决。

同时也需要有更多人，为即使自己不打算挑战，却愿意了解这种思维方法的人提供支持。因此，我在本书中将想要传达的各种思维方法总结下来，期待能有更多的人了解创业公司的思维方法。

终章

思维

将创业思维融入你的职业生涯

终于要进入本书的最后一章。

正如彼得·蒂尔所指出的那样："对于人生而言，最重要的资产是时间。" 我们所有人都是自己时间资产的投资人。

当你思考要将有限的时间用在何处即如何投资时间时，提前了解面向创业公司的风险投资式的投资策略，对于今后的时代而言或许会派上用场。

所以，本章旨在介绍如何将前文讲述的创业公司所需要的反论式思维应用到你的人生中去，同时加深你对这些思维的理解。

将创业公司思维融入你的职业

有人指出，近年来，大公司在真正意义上维持大公司的时间一年比一年短。

根据耶鲁大学的理查德·福斯特在2012年进行的调查，关于公司名被刊登在《标准普尔500指数（S＆P500）》中的年数，1958年的平均年数为61年，而如今只有18年，在此期间内年数迅速缩短。

同一个调查也显示，预计到2027年会有75%的公司被替换。也就是说，从如今的形势来看，即使员工运气极佳，能够进入优秀的公司工作，也并不意味着这家公司可以一直高枕无忧。

正是因为这种情况，我才会去思考创业思维是否也可以适用于个人的职业策略。**具体的策略之一就是像创业公司那般找到今后会迅猛发展的行业，进入该行业的创业工作。**

20世纪90年代进入外资金融和IT公司工作的那批人，如今的薪资大都远远高于平均水平。

当然也会有人觉得，这是因为他们的个人能力远远比别人出色，然而很多人并非如此。其实最根本的原因还是在于，他们在创业实现增长的初期把握住时机入职，这才获得了更多机会的眷顾，薪资也大幅上涨。

他们的选择究竟只是运气比较好，还是深思熟虑之后的结果，我们并不清楚。但是，当时选择这些行业的人，从客观上来看，或许会被别人认为是反直觉的、疯狂的。

不过，因为他们疯狂的创意和选择是正确的，所以才会反映在他们如今的年薪和职业上。

另一方面，人们容易选择"目前"比较热门的行业和公司。尤其是在高学历者身上，这种倾向就更加显著。彼得·蒂尔指出，有结果显示哈佛大学的毕业生选择的行业，常常是目前处于巅峰的行业。

这大概是结构上的问题。才华横溢的他们邀约众多，只要他们愿意，可以进入任何行业。所以，如果他们随波逐流，被"目前"人气高的公司以高薪诱惑，很容易不经过慎重考虑就入职。而"目前"有人气的公司，根据前文的调查，那时其实已经是它的巅峰。

也就是说，越是优秀的学生，他们身处的就职环境就越容易让他们作出将来会损失的选择。例如，过去日本很多优秀学生都扎堆在半导体行业，可是整个行业却逐渐没落，你或许还对此记忆犹新。

所以越是优秀的人，就越要认真思考今后世界的前进方向和自己想做的事，选择自己的未来。如果什么也不考虑，随波逐流，那么从长远来看，就很可能作出将来会损失的选择。这种反论或许也存在于职业生涯中。

当然，如果你想做的事非常明确，就应该在这条道路上前进。不过，如果你没有那种程度的觉悟，就不要从哪个行业更稳定、哪个公司更有人气的角度来考量，而是要从哪里会实现创业公司式的快速增长的角度思考，以此来决定自己要就职的行业或公司。

因此，就要像寻找创业公司的创意时那般问自己："**10年后真正有价值的工作是什么？**""**如今还不具雏形的有价值的工作是什么？**"

如果你能够在这个过程中发掘到隐藏的真相，经过长期努力，就可以获得垄断地位，长时间享受从中诞生的利益。

人生中的杠铃策略和反脆弱的价值

例如，工科的学生成为大型电机制造公司的正式员工，乍听起来似乎是一个很"可靠"的选择。实际上我也不打算否认，大多情况下这种选择非常安全、可靠。

但是，一旦将事业和时间奉献给一家可靠的公司，当公司整体衰落或陷入困境时，就会伴随着突然没有选择的风险。如果在中老年时遇到这种情况，被公司裁员的话，想要重新就业也会很难，你将会陷入走投无路的绝境。从目前的形势来看，这种情况极有可能会发生。

即使经营本身一帆风顺，你自己也很正直，但是在自然灾害、财会违规、系统崩溃等你完全没有参与的事情中，却常常会产生负面黑天鹅。这些情况发生时，即使你完全没有责任，却很有可能要承受整个公司的裁员等负面影响。

那么，我们该如何来应对这种难以预测的职业方面的黑天鹅？

在思考这件事时，前面提到的"杠铃策略"和"反脆弱"的思维会派上极大用场。

例如，在公司允许的副业的范围内做一些可能具有最高利益的副项目（side-project），或许能够将自己的事业本身"反脆弱化"。

不过，这个时候要选择的不是只能赚取零用钱的副业类型，而是可以为你带来非对称性的利益的副业，否则就没有意义。爱因斯坦和卡夫卡投资自己的时间，为后世留下了伟大的研究和小说，这些就可以被称作反脆弱性的副业。

可以把杠铃策略用在自己本身的时间投资里。将九成时间投资在安全可靠的事业上，将剩下的一成积极地投资在正面黑天鹅上，这可谓是一种能够保障自己事业风险的项目组合方式。

偶然性、不确定性、随机性和变动性

本书曾指出创业公司是正面黑天鹅。换句话来说,世界上具有超出我们预测的偶然性和变动性,它们如果往良好的方向发挥作用,就是大获成功的创业公司。

在这样的语境中进行思考,成立创业公司便也意味着积极地把握世界的偶然性。在这个世界的某个角落成立创业公司,恰恰展现了自己享受这个世界的偶然性、不确定性、随机性和变动性的态度。

当然,或许也有人认为可以预测的未来更令人安心,他们想要尽量控制变动性生活下去。也有人想要在不可预测的未来中,有效利用变动性生活下去。

这取决于个人偏好和性格。但是说到底,人们普遍都过于没必要地害怕偶然性和随机性。

这个世界上既存在交通事故等负面的偶然,也充满着积极的偶然,所以人们才会经历各种预想不到的邂逅。比如偶然因为名字的顺序相近成为朋友,进入不是第一志愿的大学偶然交到好友,在偶然就职的公司与某个人相遇、相恋、结婚……

在这个意义上或许我们也应该更加关注,在工作的领域该以什么样的态度来面对超越自己预测的范畴的偶然性。例如因职业生涯理论闻名的斯坦福大学的克虏伯教授，也提出"有计划的偶发性理论"，强调职业生涯中偶然性的重要性。

当然，并非一切都是由偶然驱动的。在这个意义上，或许需要采取两种极端的态度，一方面要具有被"未来可以预测"的信念支撑着的强大意志，另一方面又需要"一边在不可预测的未来中享受偶然性和随机性，一边应对它们"。

这样的态度正是保罗·格雷厄姆所提出的管理者应该具有的素质，对于自己的信念要坚定不移，对于偶然性要临机应变，这可谓是管理者的必备素质。

职业生涯中的随机性

世界充满了偶然性和随机性。

本身是连环创业者，同时也在风险投资公司安德森·霍洛维茨工作的投资人克里斯·迪克森说过，在职业生涯中也有些场合可以有效利用偶然性，即随机性。

例如在寻找最适合自己的职业时，只要使用搜索算法，便能明白随机性是如何有效发挥作用的。

最简单的搜索算法是"爬山法"。在这种方法中，一开始会先选择一个初始地点，然后纵观四周，逐渐向较好（图上为高处）的方向前进，如此即可到达最高处，这就是搜索算法的基本思维。

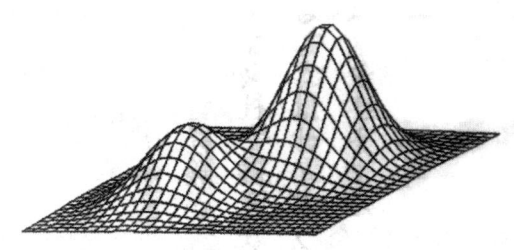

图15 高山和低山都有山顶

但是当面前有好几座山时，这种搜索算法便有可能陷入局部最优解。

比如在图15的案例中，如果按照这种初始地点的选择不断向上走，就有可能在不知最高峰在何处的情况下走向较低的山，最终停在较小的山的山顶，陷入局部稳定。

想要解决这个问题，就要在搜索初期先随机选取几个点，从其中最高的地点出发向上攀登，这是一种很有效的做法。

有时需要接受下山，也就是朝不理想的方向改变移动方向，虽然这样做大多数情况下会增加计算量，却更容易找到真正的高山。

克里斯·迪克森指出,这种思维方式也适用于职业生涯。

从职业生涯的角度而言,最初选择的山就是毕业后进入的公司,如果直接登上这座山,你将要面临的风险就是会陷入对你自己而言的局部最优解之中。因此,在你的职业生涯中,尤其是在职业生涯的初期,利用随机性去尝试各种领域的可能性,或许可以启发你找到自己真正擅长的领域,帮助你更简单地找到最优解。

谷歌人力资源部的负责人拉兹洛·布克迄今为止已经阅读过数万人的简历,并且对他们进行了面试,他也从这样的经验中得出结论:"30岁之前不需要专业领域。"他建议在职业生涯的最初10年时间里,到各种各样的公司去工作和实验。

也可以去尝试做副项目或副业,挑战截然不同的职业,还可以去尝试创业公司,以此将随机性导入职业生涯中。在卡塔尼亚大学的普鲁奇诺教授等人获得搞笑诺贝尔奖的研究中也指出,在升职过程中导入随机性,有时是一种非常有效的做法,随机性给人的印象虽然不是很好,但它绝不仅仅是负面的。

我不会轻易建议你成立创业公司

本书到目前为止介绍了创业相关的思维方式。很多读者或许会觉得我很推崇创业。但是如果要谈一下我个人的看法，我其实并不建议所有人都选择成立创业公司。

因为一旦成立创业公司，几乎毫无例外会面临巨大的压力。实际上，创业者的抑郁在硅谷甚至已经成为一个社会问题（有趣的是，那里甚至有很多心理保健的创业公司）。

最重要的是，创业公司终究只是实现创意的途径。为了成立创业公司而成立这一公司并不是一个好主意。

萨姆·阿尔特曼其实也曾提到，当你想要做些什么，或者脑海中已经有某个创意时，再开始成立创业公司，成功率相对更高。

事实上，创业孵化器做过一个实验，他们不在乎对方有没有创意地招募了一批很优秀的人才，并给予他们提示，帮助他们成立创业公司，但是都失败了。因此，当你有一个无论如何都想做的创意，而这个创意是只有创业的方式才能实现的，我就会建议你考虑一下创业公司，但是如果并非如此，我个人并不看好你作这个选择。

还有一个反直觉的重点就是，如果你想要建立创业公

司，就尽量不要那么早"注册公司"。

要注册公司，就必须去办各种各样的手续，同时需要有后勤管理部门。而且如果注册公司，公司合伙人就会产生"要雇用多少人"的意识，同时也会觉得毕竟是创业，花钱是理所当然的。再进一步而言，到了那时，保留公司的实体就会成为目的，有时甚至会选择接受外部委托等，勉强将公司维持下去，而不是去创造产品。

而如果将注册公司延后，就能避免烦琐的手续，专注于开发产品体验。只要有几十万日元和几周时间，任何时候都可以注册公司，到了迫不得已的时候再去注册公司也不迟。

当然，如果创业本身就是你想做的事，我没有道理阻止。只是，如果你致力于创业，即便将来失败了，你也会把人生的三四年时间倾注在这个创业公司身上，而如果成功，你将要花费 10 年以上的人生。

我希望你能提前想清楚这样的事实，在哪怕要花费人生中漫长的时间也想去实践的创意下，迈出创业公司的第一步。

不了解创业也无妨

现在就开始创业吧！当你有这种想法时，其实需要的并非创业的知识,这或许也是一个反直觉的观点。你不需要了解很多创业的相关知识,即使不那么了解融资或绩优股等伴随着创业产生的专业知识,也完全可以让事业获得成功。

比如美国的创业公司,一般可以在注册公司较简单且在税制上有优惠的特拉华州成立,但是,脸书最初却是在佛罗里达州注册的公司。虽然也经历过种种其他失败,可它最终还是取得了成功。

脸书之所以会成功,是因为它拥有杰出的产品,而且无比了解顾客。成立创业公司的人,与其学习创业公司或创业的知识,更应该去了解顾客的课题或顾客的期望。除此以外,任何事都无关紧要。

想要玩创业"游戏"的人们,都会想要详细了解融资或绩优股的机制等。但是,这一类事情基本上可以通过委托可靠的专家来解决,或者有标准方法可以参照。

而且,只要你能制造出真正优秀的产品,在今天的日本,会有很多人愿意为你提供帮助,可靠的书籍和支持者越来越多,知识和经验也在不断积累。

只要你不是想做极为特殊的事,创业公司的基本事宜,都可以与周围的人商量解决。**只有管理者才能解决的事,是制造产品和创建能够不断改良产品的团队。**所以,请你致力于只有管理者能做到的工作。

不去做就无法知道想做什么

我经常会听到人说："我想成立创业公司，可惜没有关键的创意。"

请你放心，这很正常。负责斯坦福大学的科技风险投资项目的蒂娜·齐莉格在她的著作《斯坦福大学创意课》（*Insignt Out*）中这样写道：

"只有行动才能产生热情，而不是有了热情才去行动。热情不是从一开始就有的，而是从经历中培养出来的。没有听过小提琴演奏，就无法感受古典音乐；没有踢过球，就无法提高球技；没有打过鸡蛋，就无法喜欢上厨艺。"

马克·扎克伯格也不是因为想要创业才推出脸书的。他坦言，最初创造脸书时，他仅仅是想要创造一个酷的东西。在建立事业、不断成长的过程中，他产生了将全世界的人们联系在一起的使命感。

人们一般会寻找自己热衷的目标，并专注于这个目标。不少人会踏上寻找自我的旅途，从这件事上，我们也能看到这种倾向。但是，这种方式却很少会真正生效。

想要找到倾注热情的目标，首先要开始做些什么，这是一个反论，而真正想做的事，不去做就无法知道，这又很反直觉。

因此，首要的是开始做某件事。我尤其推荐你从制造某种产品开始。

首先从副项目开始

在你想要开始做些什么时，我建议你与其兴致勃勃地准备大干一场，不如从副项目开始做起。实现增长的创业公司中有几成最初也都是从小型的副项目开始做起的。

脸书曾经是由学生做的副项目，推特最开始也是创始人们制作博客服务 Odeo 时的副项目。Slack 是在制作游戏的过程中诞生的公司内部的交流工具，用于软件开发项目的共享 Web 服务 Github 最初同样是作为副项目诞生的。如今无人机领域的巨头大疆（DJI），一开始也仅仅是刚刚大学毕业的创业者在学生时代进行的直升机飞行控制项目的延伸。

保罗·格雷厄姆也曾说过：

"如果你想要知道创业公司从何而来，只要去看一下经验性的证据就一清二楚。从最成功的创业公司的履历中可以看出，那些创业公司一开始都是创业者们最感兴趣的副项目，后来自然而然实现增长。

"苹果、雅虎、脸书也都是这样开始的。它们最初都只是副项目而已，创始人们并没有打算把这些项目做成公司。甚至可以说，最好的创业公司必定从副项目开始。因为优秀的创意都是离群值，如果一本正经地去思考，那么这个创意作为创业公司的创意是不合格的。"

如果你想在注册创业公司之后再制造产品，为了让公司幸存下去，就必须追求那些能够立刻赚钱的创意，同时你也会极端恐惧失败。这种情况会给人巨大的压力，让人难以去挑战反直觉的创意。

但如果是副项目，你就会觉得"失败也无妨"，可以选择一些风险高的创意。尽管副项目谁都有可能失败，但你可以致力于只有你自己相信的离群值的创意。

想象一下失败时的情景，副项目的失败程度其实不会带来多大损失。而且，只要不去租办公室，也花不了多少钱。

即使不能大获成功，只能收获小型的成功，但只要你能取得副项目那种程度的成功，实际创业时就更易获得融资，合作伙伴也会更多。

因此，可以反直觉地思考，如果你真的想要大获成功，

就不要正经地注册创业公司，而是首先从副项目开始。这是开始经营创业公司的最优方案，是找到自己真正想要做的事情的方法。

反论的创业公司的"尝试"

我要介绍最后一个反直觉的事项——如果你想要学习创业，那么直接建立创业公司是最快的捷径。

大概是因为创业可以获得一定的公民权利，以及管理者容易被视为明星。比如民间出现了很多"创业研讨会"，也经常会举办活动，邀请成功者来讲述经验，还出版了很多关于创业和创业公司的书籍，本书当然也包含在内。

但是最重要的却不是通过这些机会可以获得的知识和信息。对于创业公司的创业者而言，最需要的还是关于自己的顾客的知识以及制造受顾客喜爱的产品的能力。

如果你希望自己的创业公司能够成功，就需要了解它具有一些特有的、反直觉且反论性的事实，剩下的就是去反复尝试。**因此，学习创业的知识的捷径，就是自己开始经营创业公司。**

请你成立一个小团队，在囊括了只有自己深信不疑的重要事实的创意的指导下,制造受顾客喜爱的产品,以此作为自己的副业。没有必要注册公司,只要你看到成功的兆头,觉得这个团队也许可行时再去创业即可。

如果你已经发现了不合理的创意以及几乎无人赞成的重要事实,那么就丢掉本书,立刻开始制造产品吧。你要与顾客对话,好好吃饭、睡觉、运动,保存可以长期坚持不懈的体力。反过来说,除这些事情以外,你需要心无旁骛。

然后,请你与某个人一起制造某种产品。即使失败也不要放弃,坚持反复尝试。我认为,这种不懈的"尝试",才是创业公司想要获得成功最需要的思维方式。

结　语

生活在现在的我们所能做的事

挑战这件事本身对于任何人而言都具有可能，创业公司也是如此。无论是年轻还是上了年纪，任何时候都能够开始挑战。

可我觉得，无论是对于人而言还是对于国家而言，都有更容易挑战的时期。年轻人拥有强健的体魄，不需要养家，家中也没有需要看护的人，仅靠低廉的薪资就能维持生计，他们比任何人都更适合挑战创业公司，这是毋庸置疑的。

与此同时，今天日本的创业环境也越来越好。例如，人们对创业公司的关注越来越高，对创业公司的投资和支持也逐年增长。虽然不知道这种增长会持续到何时，但是至少可以预测，最近一段时间仍旧会不断增长。

这种情况预示着，如今居住在日本的年轻人，正在迎来适合挑战创业公司的时期。

然而，提起未来的创业公司环境，其实有一些悲观的成分。

近几年，认为日本这个国家的前景不是很光明的论调占据上风。媒体每天都在报道，日本在全世界的科学地位、经济地位正在下降，让人很难有乐观的展望。

如果悲观论占据多数，社会就会容不下失败，挑战也会变得更加艰难。环境对失败越不宽容，这一类创业公司大部分都会失败的挑战将会难上加难，创新就更难了。

在日本的财政进一步吃紧，出现不容许挑战的时势之前，时间已经所剩无几。

一方面是近几年创业环境的改善，另一方面是留给日本这个国家的时间所剩不多，综合这两方面来看，或许创业公司最合适的时机就是"现在"。现在，这个国家仍然保留有可以利用的技术和资源。反过来说，最近几年如果不能兴起巨大的创新，建立快速增长的事业，国家就会衰退，各种各样的社会问题将会让我们每个人的生活陷入煎熬。

但是，如果今天出现了一个人，他创立的创业公司在这几年蓬勃发展，将会给许许多多的人带来希望。正如先人们构筑起来的制造业曾经成为日本的自豪一般，生活在今天的我们这一代人，也需要创造新的产业和事业，构筑新的希望和自豪。

世界会因某个人的挑战而更加美好

实际上不仅是日本国内,全世界都有很多课题悬而未决。由于悲观的新闻更容易传播和留在人们的记忆里,因此,我们会觉得世界上到处都是悲惨的事件。

尽管如此,世界却早已远远比过去美好。

例如,在大约200年前的1820年,据说人们的寿命不到35岁,94%的人口处于"绝对贫困"的状态。

而现在,人们的寿命已经超过70岁,"绝对贫困"的比例在世界上仅占9.6%。生活在发达国家的我们,过着比过去被视为亿万富翁的象征的洛克菲洛更为优越的生活。

马特·里德利的著作《理性乐观派——一部人类经济进化史》认为人类的繁荣可以用"节约的时间"来计算。只要想想过去人类的大部分时间都用于汲水、洗涤以及保证有充足的粮食等,就能明白现在的人类拥有比过去更多的闲暇和用来实现自我价值的时间。甚至可以说,现代人正享受着前所未有的繁荣。

当然,科学的发展带来一些课题,比如气候变化、流行性疾病的危险。今后,世界性的人口增长也将带来能源不足和粮食问题等新的课题。

但是，这个世界绝对不是仅剩下悲观，正如前文所述，世界正在稳步地朝着良好的方向前进。这也是每个人不断挑战带来的结果。

尤其是最近百年，科学技术的发展是让这个世界更美好的原动力。也有人运用积累的知识和经验，不断应对眼前的问题。

回顾这样的历史，我们应该成为更加乐观的理性主义者。如今人们对科技的信任日渐衰落，其实大可以不必如此，大家应该使用科学和工学等人类的知识储备，共同推动创新。

我相信，这种基于理性的乐观和对未来的信赖的新的挑战，可以加快创新的发生。因此需要有人去挑战，同时需要有即使明知大部分挑战都会失败，也能为他们提供支援的机制。

靠更少的人改变世界

正如机械的进步曾经减轻了人类和动物的体力劳动一般，今后AI和机器人的进步，必定会推动脑力劳动的自动化。只要能充分利用它们的力量，就能用比过去更少的人成立创业公司，影响世界。

本书所列举的创业公司不仅实现了快速增长，其实还具有一个特征，那就是它们靠比过去更少的人数，创造出了更多的价值。

我举过很多次爱彼迎的例子，它比全世界最大的酒店集团——拥有共计约13.2万名正式员工的希尔顿集团——拥有更多的租赁房间数量。而爱彼迎的正式员工在2015年只有800人左右。此外，以年轻人为中心流行的Instagram在创业一年半以后的2012年，被脸书以约810亿日元收购。当时它只有13名员工。

这些都是靠远少于传统事业的人数创造出巨大价值的事例。

或许你会觉得，因为这些都是软件公司，所以才能做到。但是在如今的环境中，硬件相关的公司也能靠少数人创造巨大的价值。

制造客机的创业公司Boom在仅有11名员工的阶段，就与维珍集团达成价值约240亿日元的合约。研发无人驾驶技术的创业公司Cruise Automation，也在创业两年内被美国通用汽车公司以超过1130亿日元的金额收购。当时它的员工数量只有40人左右。

如今我们每个人都可谓拥有前所未有的力量。只要利用这一力量，即使只有少数人，也不会输给大公司，能够干出一番改变世界的伟业。

我在"前言"中写过，我们的周围充斥着给世界带来巨大影响的服务和产品，这些服务和产品是少数人在短期内创造出来的。而且大多都是创业者在二三十几岁的时候创造出来的。甚至，在开始制造产品时，那些管理者还都是无名之辈。

大概是因为有这样的背景，在国外，我经常会听到遇到的人说：

"他们都能做到，我们有什么理由做不到？"

的确，我们没有理由做到。

但是，也没有理由做不到。

现在还寂寂无名的我们，或许也可以这样说。

参考资料

前 言

Edward B. Roberts, Fiona Murray, and J.Daniel Kim, *Entrepreneurship and Innovation at MIT Continuing Global Growth and Impact*. http://Entrepreneurship.mit.edu/wp-content/up-loads/MIT-Entrepreneurship-Innovation-Impact-Report-2015.pdf

序 章

Vitaly M. Golomb. *Accelerators Are The New Business School*. https://techcrunch.com/2015/07/11/accelerators-are-the-new-business-school/

Carl Benedikt Frey, Michael A.Osborne, *THE FUTURE OF EMPLOYMENT: HOW SUSCEPTIBLE ARE JOBS TO COMPUTERISATION?*. http://www.oxfordmartin.ox.ac.uk/downloads/academic/The_Future_of_Employment.pdf#search=%27the+future+of+Employment%27

Yalman Onaran, *Half a Million Bank Jobs Have Vanished Since 2008 Crisis*. https://www.bloomberg.com/news/articles/2015-12-31/half-a-million-bank-jobs-have-vanished-since-2008-crisis-chart

埃里克·布林约尔松，安德鲁·麦卡菲著，村井章子译 《与机器赛跑》. 日经 BP 社出版

第一章

兰德尔·斯特罗斯著,滑川海彦、高桥信夫译.《YC 创业营:硅谷顶级创业孵化器如何改变世界》.日经 BP 社出版

保罗·格雷厄姆著,川合史朗译.《黑客与画家:硅谷创业之父 Paul Graham 文集》. Ohmsha 出版社出版

彼得·蒂尔、布莱克·马斯特斯著,关美和译.《从 0 到 1:开启商业与未来的秘密》. NHK 出版社出版

伊藤穰一,反专业(Antidisciplinary)https://joi.ito.com/weblog/2014/10/02/antidisciplinar.html

Brian Uzzi, Satyam Mukherjee, Michael Stringer, Ben Jones, *Atypical Combinations and Scientific Impact*. http://science.sciencemag.org/content/342/6157/468

Sam Altman, *Black Swan Seed Rounds*. http://blog.samaltman.com/black-swan-seed-rounds

凯文·凯利著,服部桂译.《技术元素》. MISUZU 书房出版

Cdixon blog, *The Babe Ruth Effect in Venture Capital*. http://cdixon.org/2015/06/07/the-babe-ruth-effect-in-venture-capital/

Relentlessly Resourceful. http://www.paulgraham.com/relres.html

Play Bigger. http://www.amazon.co.jp/dp/B010PIF952/

Paul Graham, Relentlessly Resourceful. http://www.paulgraham.com/relres.html

第二章

迈克尔·波特著,土岐坤、中辻万治、服部照夫译.《竞争战略》.大宝石出版社出版

CLAIRE CAIN MILLER, *Google Ventures Stresses Science of Deal, Not Art of the Deal*. http://www.nytimes.com/2013/06/24/technology/

venture-capital-blends-more-data-crunching-into-choice-of-targets.html

Paul Graham,*How To Be an Expert in a Changing World*. http://www.paulgraham.com/ecw.html

W. 钱·金、勒妮·莫博涅著，入山章荣、有贺裕子译.《蓝海战略——超越产业竞争，开创全新市场》. 大宝石出版社出版

弗朗西丝·弗雷、安·莫里斯著. 池村千秋译.《哈佛商学院教给我们的顾客服务战略》. 日经 BP 社出版

亚当·格兰特著，谢丽尔·桑德伯格解说，楠木建校译.《离经叛道：不按常理出牌的人如何改变世界》. 三笠书房出版

艾德·卡特姆、埃米·华莱士著，石原薰译.《创新公司：皮克斯的启示》. 大宝石出版社出版

埃里克·施密特、乔纳森·罗森伯格、艾伦·伊格尔著，土方奈美译.《重新定义公司：谷歌是如何运营的》. 日本经济新闻出版社出版

琼·马格丽塔著，迈克尔·波特协助，樱井祐子译.《竞争战略论：一本书读懂迈克尔·波特（精华版）》. 早川书房出版

第三章

Carmen Nobel,*Why Companies Fail—and How Their Founders can Bounce Back*. http://hbswk.hbs.edu/item/why-companies-failand-how-their-founders-can-bounce-back

The Top 20 Reasons startups Fail. https://www.cbinsights.com/blog/startup-failure-reasons-top/

Astro Teller,*The Secret to Moonshots?Killing Our Projects*. https://backchannel.com/the-secret-to-moonshots-killing-our-projects-49b18dc7f2d6#.n20eh4hj7

Sam Altman,Before You Grow. https://blog.ycombinator.com/before-you-grow/

阿利斯泰尔·克罗尔、本杰明·尤科维奇著，埃里克·莱斯主编，角征典译.《精益数据分析》. O'Reilly Japan 出版

Sam Altman,*Startup Playbook*. http://playbook.samaltman.com/

Michael Seibel,*The Scientific Method for Starups*. https://blog.ycombinator.com/the-scientific-method-for-startups/

Note Essays-Peter Thiel's CS183:startup-Stanford,Spring 2012. http://blakemasters.com/peter-thiels-cs183-startup

本·霍洛维茨著，滑川海彦、高桥信夫译.《创业维艰：如何完成比难更难的事》. 日经 BP 社出版

Sam Altman, *How to Start a startup Lecture*. http://startupclass.samaltman.com/courses/lec19/

THE LEAD RESPONSE MANAGEMENT ORG,*THE LEAD RESPONSE MANAGEMENT STUDY OVER VIEW*. http://www.leadresponsemanagement.org/lrm_study

David Skok, *Managing Customer Success to Reduce Churn*. http://www.forentrepreneurs.com/customer-success/

Paul Graham, *Do Things That Don't Scale*. http://www.paulgraham.com/ds.html

第四章

约翰·史维奥克拉、米奇·科恩著，高桥璃子译.《高价值创造者的 5 个思维习惯》. 大宝石出版社出版

纳西姆·尼古拉斯·塔勒布著，望月卫译.《黑天鹅：如何应对不可预知的未来（上/下）》. 大宝石出版社出版

列纳德·蒙洛迪诺著，田中三彦译.《醉汉的脚步：随机性如

何主宰我们的生活》. 大宝石出版社出版

大卫·贝尔斯、特德·奥兰德著，野崎武夫译.《艺术与恐惧》. FILM ART 出版社出版

Quantifying the evolution of individual scientific impact. http://science.sciencemag.org/content/354/6312/aaf5239

入山章荣著.《商学院里学不到的管理学》. 日经 BP 社出版

You and Your Research. http://www.cs.virginia.edu/~robins/YouAndYourResearch.html

丹尼尔·卡尼曼著，村井章子译.《思考，快与慢》. 早川书房出版

终　章

彼得·蒂尔著、糸井重里译：《无人赞成的重要真相是什么？》http://www.1101.com/peter_thiel/2015-04-22.html

蒂娜·齐莉格著，高远裕子译，三松新解说.《真希望我20几岁就知道的事》. CCC MEDIA HOUSE 出版

蒂娜·齐莉格著，高远裕子译，三松新解说.《斯坦福大学创意课》.CCC MEDIA HOUSE 出版

Paul Graham,*How to Make Pittsburgh a Startup Hub.* http://paulgraham.com/pgh.html

结　语

Max Roser and Esteban Ortiz-Ospina,*World Poverty.* https://ourworldindata.org/world-poverty/

Max Roser,*Life Expectancy*. https://ourworldindata.org/life-expectancy/

Chelsea German,*Americans in 2016 Richer Than John D.Rockefeller in 1916*. http://humanprogress.org/blog/americans-in-2016-richer-than-john-d-rockefeller-in-1916

马特·里德利著，大田直子、锻原多惠子、柴田裕之译.《理性乐观派———一部人类经济进化史》（上/下）.早川书房出版

Greg Kumparak,*Boom,the startup that wants to build supersonic planes,just signed a massive deal with virgin*. https://techcrunch.com/2016/03/23/boom-the-startup-that-wants-to-build-supersonic-planes-just-signed-a-massive-deal-with-virgin/